Loredana Meduri · Alessandro Spanu: Die Dolce-Vita-Strategie
Wie Sie die neue Arbeitswelt mit Souveränität und Leichtigkeit meistern

Mit dem untenstehenden Download-Code erhalten Sie die PDF-Version dieses Buches.

So laden Sie Ihr E-Book inside herunter:

1. Öffnen Sie die Website: http://www.beltz.de/ebookinside
2. Geben Sie den untenstehenden Download-Code ein und füllen Sie das Formular aus.
3. Mit dem Klick auf den Button am Ende des Formulars erhalten Sie Ihren persönlichen Download-Link.
   [Für den Einsatz des E-Books in einer Institution fragen Sie bitte nach einem individuellen Angebot unseres Vertriebs: vertrieb@beltz.de. Nennen Sie uns dazu die Zahl der Nutzer, für die das E-Book zur Verfügung gestellt werden soll.]
4. Beachten Sie bitte, dass der Code nur einmal gültig ist. Bitte speichern Sie die Datei auf Ihrem Computer.

Download-Code

L83WX-FFN44-UGKYD

Meduri & Spanu
Die Dolce-Vita-Strategie

Loredana Meduri & Alessandro Spanu

Die Dolce-Vita-Strategie

Wie Sie die neue Arbeitswelt mit
Souveränität und Leichtigkeit meistern

Mit E-Book inside

Das Werk einschließlich aller seiner Teile ist urheberrechtlich geschützt. Jede Verwertung ist ohne Zustimmung des Verlags unzulässig. Das gilt insbesondere für Vervielfältigungen, Übersetzungen, Mikroverfilmungen und die Einspeicherung und Verarbeitung in elektronische Systeme.

Dieses Buch ist auch erhältlich als:
ISBN 978-3-407-36656-6　Print
ISBN 978-3-407-29572-9　(PDF)
ISBN 978-3-407-29573-6　E-Book (epub)

1. Auflage 2018

© 2018 Beltz Verlag
in der Verlagsgruppe Beltz · Weinheim Basel
Werderstraße 10, 69469 Weinheim
Alle Rechte vorbehalten

Lektorat: Ingeborg Sachsenmeier
Unter Mitarbeit von Gabriele Borgmann, www.gabrieleborgmann.com
Umschlaggestaltung: Antje Birkholz
Umschlagillustration: © gettyimages/ulimi
Herstellung: Victoria Larson
Satz: paginamedia GmbH, Hemsbach
Druck und Bindung: Gesamtherstellung: Beltz Bad Langensalza GmbH, Bad Langensalza
Printed in Germany
ISBN 978-3-407-36656-6

Weitere Informationen zu unseren Autoren und Titeln finden Sie unter: www.beltz.de

Inhaltsverzeichnis

Grußwort: Erfolgreiche Menschen sind Träumer	9
Vorwort: Auf der Suche nach der anderen Hälfte	11
Einleitung	14

Kapitel 1 – Die Elastizität der Spaghetti ... 19
- Leidenschaft statt Kompromisse ... 20
- Ende der Unliebsamkeit ... 23
- Fakten, Fakten, Fakten waren gestern ... 25
- Wir statt Ich ... 28
- Die Rolle der anderen ... 31

Kapitel 2 – In der Wurzel pocht die Kraft ... 37
- Stress will dosiert sein ... 38
- Der Olivenbaum: keine Chance für die Jammerfliege ... 41
- Genießen im eigenen Stil ... 47

Kapitel 3 – Der Held in mir darf nicht sterben ... 53
- Die Bindung zählt ... 54
- Mammonis unter uns ... 58
- Traum geplatzt, und nun? ... 62
- Helden brauchen Freiheit ... 66

Kapitel 4 – Manche Türme sind schief 69

Aus Fehlern lernen 70

Das Spektrum der Emotionen 74

Kein Platz für Neid 79

Das Faktische der Schönheit 82

Kapitel 5 – Espresso für den Erfolg 87

Die Gedanken fliegen lassen 88

Spendierte Impulse 93

Lachen erlaubt 95

Kapitel 6 – Die Empathie des Lieblingsitalieners 103

Der richtige Mix 104

Gastfreundschaft als Erfolgsfaktum 107

Stufe um Stufe gemeinsam steigen 109

Der Wert der Empathie für den Unternehmenserfolg 112

Was Stanford verschweigt 114

Kapitel 7 – Zeitmanagement auf Italienisch 121

Das Ticken der Zeit 122

Ruhe suchen 124

Schraffierte Flächen für Träume 129

Hommage an Pareto 134

Interview mit Alberto Alessi: Das Reifen der Reben oder vom
Übertreten der Borderline   137

Kapitel 8 – Die Dosis macht die Leichtigkeit   151

   Die Farbe der Leichtigkeit   152

   Kein Leid trainieren!   155

   Gleichgewicht halten   162

Kapitel 9 – Was passiert, hat einen Sinn   169

   Resilienz   170

   Muster im Gehirn   172

   Leise Zeichen einer Krise   174

   Stark für die Zukunft   176

   Wo Zitronen blühen   178

   Spuren des Alltags   181

Schlusswort: Ciao con un occhiolino – mit einem Augenzwinkern   185

Danke   189

Über die Autoren   193

Wir schätzen die Leistung und den Erfolg von Frauen und Männern gleichermaßen. Dennoch verzichten wir in unserem Buch auf Doppelkonstruktionen. Sie würden die Textmelodie unterbrechen.

Die Logos

Infos

Literatur und Internet

Tipps

Methoden

Grußwort:
Erfolgreiche Menschen sind Träumer

Michael O. Schmutzer – Unternehmensgründer & CEO Design Offices

Wir leben in sehr aufregenden Zeiten. Durch die Digitalisierung verändert sich die Welt um uns jeden Tag immer schneller. Diese atemberaubenden Entwicklungen bringen unendliche Chancen mit sich. Doch bei allem Fortschritt: Manche Dinge drohen auf der Strecke zu bleiben. Viele empfinden unsere durchdigitalisierte Arbeitswelt als zu kalt. Die individuellen Bedürfnisse des Einzelnen scheinen weniger Platz zu haben. Ein Mangel ist besonders eklatant: In unseren eng getakteten Timelines bleibt eindeutig zu wenig Platz zum Träumen. Wirklich große Ideen stammen dabei nie von Technokraten und Spezialisten – wir verdanken sie Menschen, die zu träumen verstehen.

Solch ein Bekenntnis aus dem Mund eines Unternehmers mag den einen oder anderen vielleicht überraschen. Besonders wenn man weiß, wie viel Zeit ich auf empirische Studien verwandt habe, bevor ich mit meinem Unternehmen Design Offices an den Start gegangen bin. Doch die Triebfeder für mein akribisches Vorgehen war immer die Verwirklichung meines Traums: die Arbeitswelt von morgen zu gestalten.

Mittlerweile stellt Design Offices den Vertretern der New Work in deutschen Metropolen richtungsweisende Abeitslandschaften zur Verfügung, in denen sie ihre Ideen von der neuen Arbeitswelt verwirklichen können. Man kann sich vorstellen, dass mir das Tagesgeschäft nicht viel Zeit zum Träumen lässt. Aber Gott sei Dank laden wir immer wieder spannende Menschen zu uns ein, die uns mit wichtigen Impulsen versorgen.

Dazu gehören schon lange Loredana Meduri und Alessandro Spanu. Die beiden wissen, wie man Menschen bewegt. Von ihren Dolce-Vita-Seminaren und ihren Vorträgen werde ich jedes Mal aufs Neue inspiriert. Sie vermitteln den Zuhörern, wie sie zur inneren Ruhe finden und sich von allem Druck von außen freimachen. Vor allem entfachen sie mit dem Lebensgefühl, das sie verbreiten, die pure Freude an den Aufgaben, die der Job einem täglich stellt. Die beste Voraussetzung, um fantastische, vielleicht ganz ungewöhnliche Lösungen zu finden. Nach jedem ihrer Impulse nehmen meine Gedankengänge viele neue Richtungen – und nur so kommt man auf neue, aufregende Ideen. Loredana Meduri und Alessandro Spanu wissen eben, wie man die Voraussetzungen schafft, um große Träume zu träumen. Und damit nicht genug. Auch wenn man im Zeitalter der Digitalisierung schnell den Eindruck gewinnen kann, dass wir nur den richtigen Algorithmus brauchen, um alles erreichen zu können, vergessen viele, wie entscheidend menschliche Beziehungen bleiben. Ein erstklassiges Netzwerk ist längst wertvoller geworden als der Abschluss an einer Eliteuniversität.

Ich selbst war schon immer ein ganz passionierter Netzwerker. Bei Design Offices ist Networking daily business. Trotzdem kann ich auch bei diesem Thema von beiden immer noch dazulernen. Sie zeigen uns, wie wir unsere zwischenmenschlichen Beziehungen stärken und mit deren Hilfe unsere Ziele erreichen. Während wir bei Design Offices der neuen Arbeitswelt ihren äußeren Rahmen geben, eröffnet die Dolce-Vita-Strategie innere Räume und Kapazitäten bei den Menschen, die hier arbeiten. So ergänzen wir uns auf kongeniale Weise.

Mein Job lässt mir nicht allzu viel Zeit zum Lesen, schon deshalb wähle ich meine Lektüre sehr sorgfältig aus. Die Dolce-Vita-Strategie kann ich Ihnen nur sehr ans Herz legen – lesen Sie und lernen Sie, wieder Ihren Träumen zu folgen.

Ihr
Michael O. Schmutzer

Vorwort:
Auf der Suche nach der anderen Hälfte

Dr. Heinz-Joachim Fischer – Schriftsteller und Publizist, ehemaliger Korrespondent für Italien und den Vatikan Sen.-Red. Frankfurter Allgemeine Zeitung

Es müssen ziemlich glückliche Menschen sein, die Loredana und Alessandro uns in diesem Buch vorstellen. Zumindest sollen und können die Leser es werden. Wenn sie, die nördlich der Alpen leben, sich nur ein paar Hinweise dieser beiden charmanten Ratgeber zu Herzen nehmen.

Denn eines ist sonnenklar: Den Deutschen würde etwas fehlen, wenn es Italien und die Italiener nicht gäbe. Das Verhältnis der »Tedeschi« – das sind für die Italiener eigentlich alle aus dem Norden – zu allem Italienischen ist nicht zufällig so eng. Es ist nicht nur belebende Verzierung für Freizeit und Ferien. Die Verbindung der Nordländer zur langgestreckten, sonnenverwöhnten Halbinsel jenseits der Alpen und ihren lebensgewandten Bewohnern ist so fest, dass Dichter schwärmten: zwei Teile des Menschen, die nur zusammen ein Ganzes bilden.

Geschichte und Gegenwart bestätigen es: Zu allen Zeiten blickten die arbeitsernsten Deutschen auf der Suche nach ihrer anderen, lebensfrohen Hälfte nach Süden und zogen dorthin. Es kann angesichts der Autokolonnen, die sich in den Ferienmonaten über die Alpenpässe nach Italien ergießen, so scheinen, als sei diese Unruhe nur von Nord nach Süd gerichtet. Doch das erweist sich als unvollständig. Gewiss, die Touristenströme verlaufen, von der Sonne und der Aussicht auf südliche Lebensgenüsse angezogen, in Massen vom mittleren Europa zur Apenninenhalbinsel.

Umgekehrt ist es ein nicht unbeträchtliches, doch vergleichsweise geringes Reiserinnsal. Doch wenn sich Italiener für ein Volk interessieren, dann sind es die »germanischen« Stämme. Aber was den Italienern im Vergleich zu den Nordländern fehlt, steht auf einem anderen Blatt. Man kann es Tag für Tag in den Klagen der Medien und der Leute im Alltag finden.

Loredana Meduri und Alessandro Spanu, beide aus italienischen Familien und in Deutschland aufgewachsen, beschreiben unaufdringlich, was hier fehlt und dort aufzunehmen ist. Heiter und beschwingt, wie sie selbst sind, gut gelaunt und fröhlich. Leicht und locker ist die Botschaft. Kein erhobener Zeigefinger. Ihr Blick nach Süden auf die italienische Lebensart weckt Sehnsucht. Auch die, zu Hause wie in der Fremde ein wenig anders zu sein.

Die Nördlichen schauen auch voll Bewunderung über die Alpen. Was die im Süden bei aller geschickten Lebenskunst so alles zustande gebracht haben! Einst waren die alten Römer im unvergleichlichen Imperium der Antike Herrscher und Lehrmeister der Welt in vielen Bereichen. Und später schufen die stolzen Bürger der berühmten Städte, die Päpste in Rom – statt der religiösen Reformation vor genau 500 Jahren – etwas, was die Welt bis dahin nicht gesehen hatte.

Die Kunstwerke der Renaissance und des Barock, die wiederentdeckten Zeugen der Antike, das alles gab es nur in Italien, und dazu noch mehr. Was italienische Maler, Bildhauer und Baumeister mit scheinbarer Leichtigkeit schufen, was Archäologen wieder ans Licht holten und Musiker komponierten – die Deutschen liebten es von allen Nationen Europas am meisten. Nun verzücken Italiens Architekten – innen und außen –, Modeschöpfer, Designer, Luxushandwerker, Weinmacher alle Welt. Dafür reicht nicht pure Arbeitswut, dazu braucht es auch Talent, Begabung zum Schönen.

Dem entspricht, dass gerade die Deutschen die willigsten Abnehmer für italienische Produkte sind. Mit Abstand rangiert die Bundesrepublik auf dem ersten Platz unter den Exportländern Italiens. Für die deutsche Wirtschaft insgesamt ist Italien nicht ganz so wichtig; für Süddeutschland nimmt es jedoch wieder eine besondere Stellung ein. Aber nicht die ökonomischen Daten beleuchten das Verhältnis. Immer stärker besetzt Italienisches den Lebensstil in Deutschland selbst.

Ob Mode oder Design an allen Dingen, ob das Essen »beim Italiener« oder die Rezepte all'italiana, ob die Autos mit dem besonderen Flair oder die schicken Klamotten aus Mailand oder Neapel, nicht mehr die feine englische Art oder das Leben wie Gott in Frankreich scheint die »Deutschen« zu faszinieren, sondern die lockere Art aus dem Süden, die den Ernst im Norden wohltuend ergänzt. Auch Dank Loredana und Alessandro.

Dr. Heinz-Joachim Fischer

Einleitung

Sie sind methodensicher. Sie denken und handeln lösungsorientiert. Sie sind fachlich top, und genau deshalb sind Sie an dem Platz, an dem Sie heute wirken. Aber Sie wollen weiter. Die nächste Stufe im Blick und die nächste Strategie im Kopf, so sprinten Sie durch die Tage, Monate, Jahre. »Keine Zeit«, rufen Sie Ihrer Familie und Ihren Freunden zu. Nur wer sich bewegt, kommt ans Ziel. Nur wer die nächste Etappe kennt, erreicht den Gipfel. Aber Sie merken auch: Die Luft wird dünner, die Kraft lässt nach. Überhaupt fällt Ihnen zunehmend die Blässe in Ihrem Gesicht auf und die Augen glänzen nicht mehr. Wo früher Enthusiasmus war, ist heute Routine.

Weil Sie als Führungskraft, als Coach, als Trainer, als Mensch ein Meister der Selbsthilfe sind, greifen Sie in Ihren Methodenkoffer. Irgendwo zwischen Erlerntem und Erfahrenem muss es ein Tool geben, das Ihnen das Lächeln zurückgibt, mögen Sie denken. Vielleicht wirkt Reflexion? Oder der Wechsel der Perspektive? Oder Autosuggestion? Also formulieren Sie einen positiven Satz: »Ich bin zufrieden und glücklich. Mir geht es bestens.« Dabei straffen Sie die Schultern, recken das Kinn in die Luft. Sie sagen sich, dass die Gedanken zu Worten und die Worte zur Haltung werden. Aber sobald Sie sich wieder am Schreib-, Besprechungs-, Verhandlungstisch befinden, sobald Sie mitten in Ihren Herausforderungen stecken, sacken die Mundwinkel wieder ab, und das alte Mantra schallt durch den Kopf, durch den Körper, durch den Raum: »Keine Zeit!«. Statt des Lächelns um die Mundwinkel zeichnet sich die Steilfalte zwischen die Augen.

Kein Wunder, denn Sie haben sich Muster angeeignet, die Sie in die Lage versetzen, punktgenaue Entscheidungen zu treffen, Analysen zu abstrahieren, Ratschläge zu geben, Ihr Team zu motivieren... Sie haben sich auf den Unternehmenserfolg, auf Ihren Erfolg fokussiert. Wunderbar. Genau deshalb, weil es weitblickende, stärkenorientierte Personen wie Sie gibt, ist die deutsche Wirtschaft an der Weltspitze. Die Sache hat allerdings einen Haken: Sobald Sie eine Spur derart trainieren, dass diese im Gehirn zu einer dicken Synapse wird, bewegen Sie sich mit Vorliebe genau auf dieser »Autobahn«. Sie pflegen Ihre Kultur der Karriere. Sie tragen diese Art der Lösungsfindung, der Kommunikation, der Zeitknappheit, der Methoden und Techniken in alle Bereiche des Alltags, und damit verkümmert die andere Kulturseite in Ihnen, nämlich die der schönen, leichten, unwissenschaftlichen, emotionalen, süßen Momente: jene, die in der neuen Arbeitswelt auf einmal unentbehrlich ist. Und genau an dieser Stelle beginnt unser Buch.

Italienische Lebensart

Wir wollen Sie auf den nächsten Seiten verführen, »Dolce Vita« für Ihr Unternehmen und Ihre Unternehmungen zu entdecken. Wir wollen Ihnen Kunst, Genuss und helle Emotionen wieder näherbringen, denn wir haben eine Strategie entwickelt, die den Sauerstoffgehalt in Ihren Zellen erhöht und die Ihre Sinne streift. Diese Strategie ist über viele Jahre gewachsen. Sie beruht auf der Einsicht, dass die Zeit, die wir auf diesem Planeten verbringen dürfen, zu kostbar ist, um sie in Stress und Ärger zu tauchen. Dabei halten wir Ihre Karriere im Blick, weil wir das Erreichen von Zielen lieben. Wir wollen Ihre Karriere und Ihr Glück! Der Schlüssel dazu ist der Flirt mit der italienischen Lebensart.

Die Idee zu unserem Buch blinkte erstmals auf, als uns die Härte der Sprache, die kurzen Projekttakte und die mangelnde Kreativität innerhalb der Führungsetagen in deutschen Unternehmen auffielen. Wir arbeiteten beide mit Leidensdruck. Alles nach Plan, alles nach Vorgabe, selten bereit zum Risiko. Fehler wurden nur schwer verziehen. Boni waren der Motor für Leistung. Was dabei auf der Strecke blieb, war das Leuchten in den Augen, das Glück in den Poren, genau an dem Platz zufrieden zu sein, an dem wir waren. Mehr und mehr, so war unsere Ahnung und auch unsere Wahrnehmung, würden sich die Führungskräfte und Mitarbeiter an Vorgaben entlanghangeln und darüber ihre außergewöhnlichen Fähigkeiten vergessen. Denn außergewöhnliche Fähigkeiten können erst wachsen, wenn man ihnen einen großen Spielraum eröffnet und sie mit Sonne bescheint.

Wir sagten uns, dass es gar nicht viel bedürfe, den Alltag zu versüßen:
o ein kleines freies Zeitfenster täglich im Kalender
o Achtsamkeit für unerwartet wunderbare Augenblicke
o ein wenig mehr Stolz auf die eigenen Fähigkeiten
o ein Quäntchen Fantasie in den Methoden
o ein Genießen mit einem Schuss Humor in allen Bereichen
o das Wertschätzen der eigenen Leistung und der Leistung der anderen

Kurzum: Wir sollten die Dolce Vita jeden Tag ein bisschen in unser Leben lassen. Wir erinnerten uns an die Sonne Italiens, an die Lebenslust der Menschen dort, an die Gelassenheit, wenn Probleme übergroß wurden.

So ist die Intention unseres Buches, Ihnen kleine, wohlerprobte Gedanken und Werkzeuge aufzuzeigen, die das italienische Lebensgefühl versprühen, und die Ihnen helfen, Ihren Alltag besser, leichter und lustvoller zu meistern.

Was das Leben reich macht

Sie werden von uns auf den folgenden Seiten keine Methoden lesen, die Ihrer Karriere eine weitere Effizienz hinzufügen. Das überlassen wir anderen. Was Sie jedoch finden werden, das sind Inspirationen, die Ihre Fantasie für die schönen Dinge im Leben wecken. Business und Leichtigkeit gehören für uns untrennbar zusammen; das eine bedingt das andere. Wir gehen sogar weiter und behaupten: Ohne gute Gefühle, ohne die intuitive Weitsicht, ohne Pause und Genuss bleibt jede Karriere hinter ihren Möglichkeiten zurück. Das wurde uns umso klarer, als wir einen Vorzeige-Italiener für unser Buch interviewten: Alberto Alessi.

Seine Story zeigt, dass Business wie Poesie sein sollte, dass Aufgaben zur Kunst werden können. Der Erfolg seiner Design-Zitruspresse drückt genau dies aus: Auf einer Serviette entstand der mittlerweile über 30 Jahre alte Weltbestseller. Alberto Alessi ist wie wir der Meinung, dass jede Idee groß werden kann, wenn sie Zeit zum Reifen, zum Ernten, zum Verbreiten erhält.

So richtet sich unser Plädoyer in diesem Buch auch gegen die Rasanz der Zeit: Überlaufen Sie Ihre Glücksmomente nicht! Bleiben Sie hin und wieder stehen, gönnen Sie sich schöne Worte, sammeln Sie Geschichten und Begegnungen. Sie machen das Leben reich.

Fangen wir an.

Ihre
Dolce-Vita-Strategen
Loredana Meduri und Alessandro Spanu

Kapitel 1
Die Elastizität der Spaghetti

Leidenschaft statt Kompromisse

Nichts ist unangenehmer als ein laues Lüftchen in Unternehmen. Es weht leise durch das Fenster, breitet sich über die Flure, über die Etagen aus, zieht unter den Türspalten durch und setzt sich fest in den Büros. Dort staut es sich in den Ecken, den Schränken, legt sich nieder auf die Stapel unerledigter Dinge. Ein laues Lüftchen ist nicht kalt und nicht heiß, es stürmt nicht, verursacht weder Freude noch Überraschung noch Wut. Lediglich ein vages Frösteln ruft es hervor. Die Reaktion der Mitarbeiter ist meist das Schließen der Fenster und Türen. Aber diese Maßnahmen – Sie ahnen es – lindern das Frösteln nicht. Also nehmen sie hin, was nicht änderbar scheint. »Halb so schlimm«, mögen die Mitarbeiter denken, ein Lüftchen ist kein Sturm und sowieso keine Gefahr. Damit wenden sie ihren Blick wieder auf die Zahlen. Die zu erhöhen ist ihre Aufgabe, dafür beziehen sie ihr Gehalt. Fokussieren, konzentrieren, immer auf der Leistungslinie geradeaus, das ist das Motto, dafür gibt es Boni und vielleicht ein Lob.

Täglich widmen sich in Deutschland rund 44 Millionen Menschen ihrer Arbeit in den unterschiedlichsten Unternehmen. Sie verbringen 68 000 Stunden und mehr mit Aufgaben, Zielen und Zahlen, um ihr Leben zu finanzieren. Wenn wir davon ausgehen, dass ein Mensch 85 Jahre auf diesem fantastischen Planeten Erde seine Spuren setzen darf, dann sind das knapp ein Zehntel seiner Ressource Zeit. Wir finden: Jede einzelne Stunde sollte emotionsreich sein. Damit meinen wir nicht ein Dauerlächeln im Gesicht und schon gar nicht eine Autosuggestion, indem Sie sich einreden, das Leben sei prima, auch wenn Ihnen gerade zum Heulen zumute ist. Nein! Mit Emotionsreichtum meinen wir die gesamte Palette der Regungen aus Wut, Trauer, Überraschung, Freude und Glück. Wir möchten, dass Sie nach Ihrem Temperament handeln, dass Sie authentisch sind und den Alltag mit Farbe füllen. Aus diesem Grunde schreiben wir dieses Buch.

Dabei wissen wir sehr wohl, dass Sie manchmal Druck empfinden. Das wollen wir nicht zerreden. Im Gegenteil. Wir wollen, dass Sie den Druck nicht als Dilemma empfinden, sondern ihn als das nehmen, was er ist: unvermeidlich. Denn Druck hat auch gute Eigenschaften: Er verändert einen Zustand, er kann ein Leistungstreiber sein. Nur darf er nicht übermäßig hoch und dauerhaft drücken. Es kann sein, dass Sie Streit, Stress, Niederlage empfinden. Dann erhöht sich dieser Druck für eine Weile. Niemand ist vor Schicksalsschlägen gefeit. Dann kann es sein, dass Sie eine Phase der Ruhe benötigen, um Ihre Mitte wiederzufinden, um Ihr Adrenalin wieder auf ein Normalniveau zu bringen. Tun Sie es! Auch wir sind schon heftig gestolpert, haben unsere Schrammen mit Pflaster zugeklebt und uns gefragt: Wie können wir regulieren? Wie können wir uns wieder sammeln, neu erfinden? Wie können wir uns wieder spüren? Auch davon erzählen wir in unserem Buch.

Was wir ablehnen, sind Kompromisse, jenes laue Lüftchen, das unsere Gedanken nicht mehr bewegt, das unsere Emotionen nicht mehr streift. Wer Kompromisse im Job eingeht, der ist bereit, sich unliebsame Aufgaben schönzureden. Dann verlangsamt er die Tage, bis sie in Langeweile ertrinken. Er schaut auf die Digitaluhr auf dem Bildschirm und seufzt: »Fünf Stunden noch, dann ist Feierabend.« Er empfindet seine Aufgaben als Pflicht und nicht als Freude, weil Kompromisse bleiben, was sie sind: ein von Leidenschaft befreiter Zustand. Und dieser Zustand köchelt in vielen Menschen auf einem gefährlichen Niveau. Unentwegt. Ohne Pause. Ein subtiler Stress entsteht, der der Nebenniere befiehlt, mehr und mehr Noradrenalin zu pumpen. Ins Blut. Ins Herz. Ins Gehirn – und dort arbeitet es gegen die hellen Emotionen. Freude, Zufriedenheit, Zuversicht werden blass, weil das Noradrenalin der Gegenspieler der Glückshormone ist. Kommt Ihnen das bekannt vor? Dann sollten Sie jetzt tief ein- und ausatmen und sich fragen: Liebe ich das, was ich tue, und tue ich das, was ich liebe?

Ein Italiener fragt sich das jeden Tag, bevor er mit dem Aufwachen die Füße auf den Holzboden stellt. Er will ein helles freundliches Pling im Herzen vernehmen und zudem die Vorfreude auf Leistung, Diskussion und Engagement spüren. Er will die Launen in seinen Tag einladen. Dazu zählt die Freude ebenso wie das Diskutieren und die Bereitschaft, das zu ändern, was ihn stört. Er lässt sich nicht verführen von den warmen Worten des Chefs: »Ich zähle auf Sie! Weiter so.« Nein, ein Italiener weiß, dass ein »Weiter so!« oft ins Mittelmaß führen kann – und da will er keinesfalls hin. Er will selbst definieren, was für ihn Erfolg ist. Er will auf die Uhr am Computerrand sehen und sich sagen: »Verdammt, schon so spät. Ich muss im Flow gewesen sein. Ich habe die Zeit völlig vergessen.«

Ende der Unliebsamkeit

Wir haben festgestellt: In Deutschland ertragen die Mitarbeiter lange, was sie stört. Man könnte sagen, sie trainieren das Schweigen. Sie haben sich über viele Jahrzehnte angewöhnt, nicht zu ändern, was angeblich nicht zu ändern ist. Dabei finden wir: Aphorismen dieser Art sind schädlich für die Seele und für den Arbeitstag. Sehen wir einmal genauer hin, was passiert, wenn Mitarbeiter unliebsame Aufgaben erledigen und dabei die Gefühle der Abwehr unterdrücken: Sie richten sich ein in einer Situation, die ihnen schadet. Sie lernen die Hilflosigkeit. Sie verlieren ihre Energie. Sie werden traurig. Sie erzeugen keine Resonanz mehr.

Davon erzählen jährlich diverse Studien, allen voran der deutsche Engagement-Index des Gallup-Instituts. 2016 wird festgestellt, dass nur 15 Prozent der Arbeitnehmer mit Hand, Herz und Verstand bei der Arbeit sind und eine hohe emotionale Bindung zu ihrem Arbeitnehmer aufweisen. Die große Mehrheit aber, nämlich 70 Prozent der Beschäftigten, machen lediglich Dienst nach Vorschrift, und 15 Prozent haben innerlich bereits gekündigt. Diese Zahlen sind beeindruckend, aber doch sind es nur Zahlen. Wir wollen weitergehen und versuchen, hinter den Zahlen das Schicksal der Mitarbeiter zu erkennen. Denn Mitarbeiter, die sich innerlich von ihren Aufgaben verabschieden und äußerlich den Schein wahren, die riskieren das Sterben der Emotionen und landen damit am Ende in einer Erschöpfungsdepression und manchmal sogar in einem Burnout. Es ist sehr wahrscheinlich, dass sie sich Zeit ihres kostbaren Lebens davon nie wieder in Gänze erholen werden. Nach einer langen Odyssee durch Therapien, Meditationen, Medikamente wagen sie den Zweifel: »Hat sich das gelohnt?« Nein! Das hat es nicht.

Irgendwann begann sich das Hamsterrad zu drehen. Die Vorgaben stiegen. Die Überstunden folgten. Das Lob der Vorgesetzten blieb aber aus. Ganz nach dem Motto: Nicht geschimpft ist Lob genug. Unliebsame Aufgaben wurden widerspruchslos übernommen. Es wurde genickt, gearbeitet, gestrampelt, zusammengebrochen. Die unsägliche Spirale, in der sich jährlich etliche Millionen Menschen verfangen, entsteht nach einem immer gleichen Muster: Zuerst steigt der Druck, dann verblassen die Emotionen. Keine Frage: Die Diagnose Depression gehört in die Hände von Medizinern und Psychotherapeuten. Was wir jedoch glauben, ist Folgendes: Es gibt Tausende kleiner Hinweise, bevor eine solche Spirale sich nach oben schraubt. Bevor Menschen das Opfer von Druck, Stress und unliebsamen Aufgaben werden, können sie Barrieren errichten, um die Lebensfreude zu retten.

→ **Unser Tipp**

Sobald Sie bemerken, dass sich Ihre Emotionen davonschleichen, sobald Ihnen Motivation und Aufmerksamkeit abhandenkommen, sollten Sie sich fragen:
- Bin ich gerade dabei, in Gleichgültigkeit und Langeweile zu versinken?
- Habe ich das ungute Gefühl, dass die anderen nicht anerkennen, was ich mache und wie ich bin?

Beides sind Signale, die Sie aufhorchen lassen sollten. Nehmen Sie sie ernst!

Fakten, Fakten, Fakten waren gestern

Unternehmer streben nach Kennzahlen, die jährlich steigen. Das ist ihr Profit und zudem die Sicherung eines Spitzenplatzes am Markt. Auch Mitarbeiter erfüllt der Unternehmenserfolg mit Stolz. Auch sie treten täglich an, um daran mitzuwirken. Nur wollen sie nicht hinter Zahlen verschwinden, sondern gesehen werden als das, was sie sind – ein bedeutsamer Teil des Ganzen, ein talentierter Mitspieler im Orchester, ohne dessen Einsatz die Erfolgsmelodie schräg würde. Damit sind die Zahlen für den Mitarbeiter nur das Resultat. Für den Unternehmer hingegen ist es oft die Essenz. Und durch diese unterschiedlichen Perspektiven klafft der Gap, der Führungskräfte von Mitarbeitern trennt.

Auf der einen Seite müssen die Führungskräfte Rechenschaft gegenüber der Geschäftsführung ablegen, warum Ziele nicht erreicht wurden, warum Zahlen stagnieren. Sie sollen Schwachstellen im System aufheben, und zwar schnell. Für langwierige Gespräche, überhaupt für Emotionen, bleibt keine Zeit, denn der Markt ist mittlerweile digitalgetrieben. Ein Fehler von heute kann die Pleite von Morgen sein. Der disruptive Angriff kommt meist über Nacht. Also rein in die Sachlichkeit: Warum ist der Mitarbeiter hinter seinem Leistungspotenzial zurückgeblieben? Wo zeigt der Mitarbeiter Schwächen? Wo gibt es noch Luft für mehr Leistung? Diese Fragen stellen sich Führungskräfte, wenn sie auf die Fakten blicken. Für Wertschätzung, ein individuelles Planen der nächsten Schritte bleibt meistens keine Zeit. Alles ist Standard – genau nach den Regeln der Betriebswirtschaftslehre, alles ist richtlinienkonform.

Es bedarf wenig Fantasie, um festzustellen: Wer nur auf die Zahlen und Fakten sieht, wer nur an den Schwächen haftet, der bewegt sich im Schattenbereich. Der will ausbessern, nachbessern, antreiben – nach ISO-Norm. In dieser Weise wird ein Mitarbeiter niemals seine beste Performance liefern; selbst wenn er es versuchen würde, er bliebe unterhalb seines Potenzials. Die Leidenschaft würde fehlen. Mehr noch. Im Schattenbereich seiner Möglichkeiten schmilzt sein Selbstbewusstsein, bis es irgendwann den Nullpunkt erreicht. Erschöpfung ist die Folge.

Auf der anderen Seite des Gaps stehen die Mitarbeiter. Sie hoffen auf Wertschätzung und ein individuelles Lob. Sie sind bereit, ihre Grenzen zu verschieben und sich weit über die Standards hinaus einzubringen mit ihren Talenten. Sie würden gern ein Schild vor sich hertragen, auf dem die jeweiligen Stärken stehen, denn eines wissen sie genau: Würden Aufgaben und Stärken harmonieren, wären sie zufrieden, erfolgreich und emotional erfüllt. Sie bräuchten keine Stechuhr, keine Überstundenzettel, keine Boni, keinen Tadel, weil alles von leichter Hand und mit Freude im Herzen geschähe. Davon träumen sie – manchmal ein ganzes Arbeitsleben lang.

Sprung auf die Sonnenseite

Wir mögen weder Boni noch Incentives, noch ein Lob aus Taktik. Denn all diese sogenannten Instrumente der Motivation verhindern den Teamgedanken und auch den Spaß an der Arbeit. Was wir befürworten, ist die intrinsische Motivation, die immer dann entsteht, wenn ein Mitarbeiter mit Herz und Verstand und mit allen Farben seiner Gefühle bei der Sache ist.

Stellen Sie sich bitte einmal vor, Sie erkennen als Manager die Sonnenseite Ihres Mitarbeiters. Sie fragen sich: »Welche Aufgaben kann ich ihm vorschlagen, damit er glücklich ist?« Und nun stellen Sie sich bitte weiter vor, wie schnell sich dieses Glücklichsein eines Einzelnen im Team multipliziert und die gesamte Leistung beeinflusst? Ohne das Herumdoktern an den Schwächen, ohne eine betriebswirtschaftliche Methode zur Steigerung des EBIT werden Ihre Mitarbeiter eine innere Motivation spüren, um loszulaufen und sich gegenseitig bei diesem Ziellauf mitzunehmen. Nicht das eventuell höheres Gehalt treibt sie an, nicht ein Bonus in Form von Geld oder Freizeit, nein, einzig die Freude darüber, dass sie sein dürfen, wie sie vom Temperament her sind: dynamisch oder analytisch, gesellig oder visionär – das garantiert den Erfolg. Sobald Sie nicht mehr die Fakten in den Vordergrund schieben und stattdessen die Emotionen priorisieren, wird Ihr Team lebendig. Es lässt los von Neid und Missgunst, von Kritik an den anderen.

Wir statt Ich

Wir sind mit der italienischen *und* der deutschen Mentalität aufgewachsen. Unsere Eltern kamen bereits in den 1960er-Jahren als Gastarbeiter nach Deutschland, wollten ihren Beitrag zum Wirtschaftswunder leisten, und im Gepäck trugen sie die Kultur ihrer Heimat mit sich. Zum Glück haben sie diese nicht abgestreift, sondern haben uns fernab von der deutschen Idee »selbst ist der Mann« gelehrt, dass geteiltes Leid ein halbes Leid und geteilter Erfolg ein doppelter ist. Wir durften als Kinder weinen, wenn wir traurig waren, wir durften vor Freude stampfen, wenn uns im Spiel etwas besonders gut gelang. Emotionen gehörten zu unserem Alltag wie Sonne und Mond zum Himmel. Stets trat die gesamte Familie in unsere Kinderwelt ein, um zu trösten oder zu applaudieren, je nach Situation. Das gab uns das Gefühl, richtig zu sein.

Kinder in Italien lernen, dass sie sich nicht verstellen müssen, um zu gefallen. Sie lernen auch, dass das Ansehen der Person durch Leistung und Noten nicht steigt. Ein schlechter Schüler erfährt keine Ablehnung, sondern wird gefragt: »Kann ich dir helfen?« Wenn Kinder Sorgen haben, dann werden sie ernst genommen und gleichzeitig wird ihnen gezeigt, wie weit sich der Horizont über das Leben spannt und wie klein die Fünf dort aufblinkt. Niemand malt in die Sorgen schwarze Szenarien hinein, niemand spricht Vorwürfe aus. Vielmehr hören Kinder wunderbare Worte wie: »Hey, das ist nicht schön. Ich verstehe deine schlechte Laune. Nimm das mal nicht ganz so ernst, denn es gibt Schlimmeres als das. Sei dankbar, denn du bist gesund. Nimm dir einfach vor, es in Zukunft besser zu machen. Ich weiß, das wird dir gelingen.« Und damit streicheln sie die Tränen der Kleinen weg. Auch wenn Italiener in Berufs- wie in Liebesdingen zum Drama neigen, so wollen sie niemals, dass ihre Helden sterben. Sie geben ihnen Kraft und Empathie und die Gewissheit, sich gegenseitig zu verstehen.

Loredana ist in Deutschland geboren und aufgewachsen und hat einen Traum in sich getragen: Sobald die Zeit reif wäre, würde sie in Rom leben. Mit 23 Jahren schien sich dieser Traum zu erfüllen. Sie bewarb sich bei einem internationalen Konzern mit Hauptsitz in Rom – und erhielt den Job! Sie landete in einem Team, das ihr einen großen Freiraum ließ, um ihren deutsch-italienischen Kulturmix einzubringen. Man schätzte ihre italienische Spontaneität und Kreativität sowie ihre deutsche Disziplin und Struktur, die Dinge voranzubringen. Sie war beliebt, weil man wusste: Zum einen erreicht sie ihre Ziele, zum anderen bringt sie einen frischen Wind in die Büros, weil ihre Leidenschaft für ihre Aufgaben ansteckend wirkt. Probleme nahm sie wahr, aber sortierte sie als Herausforderung ein. Erfolge feierte sie mit dem Team, weil sie dahinter den Einsatz eines jeden einzelnen Kollegen sah und diesen Erfolg gern teilte. Das sollte sich ändern, als sie den nächsten Karriereschritt nahm, der sie zurück nach Deutschland führte.

Ihre italienische Art stieß auf Widerstand. Das schnelle Du wurde mit einem Stirnrunzeln quittiert, man wäre lieber bei einem distanzierten Sie geblieben, sollte sie später erfahren. Während sie dachte, man arbeite gemeinsam am großen Ziel und wolle Spaß dabei spüren, hatten die Kollegen anderes im Sinn, nämlich das Stärken des eigenen Profils. Kurzum: Ihre emotionale und offene Art kam nicht bei allen gleichermaßen gut an. Ihr wurde in Vieraugengesprächen ans Herz gelegt, sie solle sich anpassen, Umgang und Routinen besser beachten. Nach dem Motto: Arbeit ist Arbeit – privat ist privat, sollte sie bei den Fakten bleiben und die Emotionen zurückdrehen. Innerlich zweifelte sie an den deutschen Regeln, denn in Italien galt ein Unternehmen als »La Famiglia«. Dort brannte man für die Arbeit und für die Kollegen. Nicht so in diesem deutschen Team. Da herrschte die Ellenbogenmentalität. Da herrschte die Kälte der Zahlen. Kein Raum für Interpretation, kein Innehalten vor einem Problem. Weiter, immer weiter – nur dem Gewinn entgegen, das war der Leitsatz. Loredanas Ideen wurden als Wolkentanz bezeichnet, aber hinter verschlossenen Türen flackerten ihre Vorschläge doch wieder auf. Nach einer Phase der Irritation fing sie an, an sich selbst zu zweifeln.

Wer jemals diesen Rutschbahneffekt erlebt hat, der mit einem Selbstzweifel beginnt, der weiß, dass unaufhaltsam Traurigkeit folgt. Dort verliert man seine Mitte, stellt seine Stärken infrage. Das Selbstwertgefühl erhält tiefe Schrammen. Dann kommen die schlechten Träume in der Nacht und die Atemlosigkeit am Tag, weil man beginnt, nach fremden Mustern zu laufen. Man will doch den Erfolg und die Wertschätzung der anderen! Man läuft schneller, aber der Takt passt nicht. Man bricht zusammen, weil Körper und Geist nicht mehr harmonieren.

»Nicht mit mir«, sagte sich Loredana, als sie sich endlich nach monatelangem Druck darauf besann, was sie zeitlebens zu einem starken, zuversichtlichen Menschen gemacht hatte. Sie erinnerte sich an die Dolce Vita, die ihr quasi in die Wiege gelegt worden war. Sie dachte an Italien, wo Lächeln, Flirts und Komplimente über die Meetingtische wehen, wo Worte auch mal laut, herzlich oder zart sein dürfen, wo ein Unternehmen sich als gute Nachbarschaft versteht, in dem jeder für jeden da sein möchte. Sie erinnerte sich an einen Satz, den sie als kleines Mädchen oft gehört hatte: »Wenn die Spaghetti unter hohem Druck zu lange kochen, verlieren sie ihre Elastizität.«

Loredana beschloss, sich coachen zu lassen, denn sie wollte sich treu bleiben und nicht sich verlieren. Ganz langsam gewann sie wieder ihr Selbstvertrauen und Selbstbewusstsein zurück. – Und sie entdeckte ihre neue Berufung: das Dolce-Vita-Gefühl ins Business einzubringen. Das war die Geburtsstunde dieses Buches.

Die Rolle der anderen

Aus der Gehirnforschung wissen wir, dass Menschen unterschiedliche Persönlichkeitsmuster aufweisen. Das liegt in den Genen. Mag auch die Erziehung später einen Teil dieses Musters verändern, so bleiben doch die Grundzüge eines Charakters ein Leben lang erhalten. Ob ein Mensch offen, extrovertiert, gewissenhaft, verträglich oder verletzlich ist, das bestimmt seine DNA. Gehirnforscher nennen es die Big Five. Diese bestehen aus:
- Gewissenhaftigkeit
- Neurotizismus
- Offenheit
- Extroversion
- Verträglichkeit

Jeder Mensch vereint Teile davon in sich, und doch ist ein Bereich meist stärker ausgeprägt. Wenn Führungskräfte diesen Bereich identifizieren, dann wird es um vieles leichter fallen, mit den kleinen Macken der Mitarbeiter umzugehen und darüber hinaus deren wahre Stärken zu nutzen. Dann erkennen sie den Wert eines analytischen, gewissenhaften Mitarbeiters, dessen Anliegen es ist, Fehler zu finden und Krisen vorherzusehen. Sie sehen die Verletzlichkeit hinter der erfolgsfordernden Art eines neurotizistischen Mitarbeiters. Sie schätzen das Denken auf der Metaebene eines offenen Mitarbeiters. Sie mögen das gefühlvolle und beziehungsstarke Handeln eines verträglichen Mitarbeiters. Sie lassen sich inspirieren von der Projektbegeisterung eines extrovertierten Mitarbeiters. Ein Team ist die Summe all dieser Eigenschaften! Und gleichzeitig liegt in diesen Charaktermerkmalen der größte Sprengstoff.

Stellen Sie sich bitte einen gewissenhaften Kollegen vor, der einer offenen und extrovertierten Frau wie Loredana im Meeting gegenübersitzt. Sein Bestreben ist das Verhaken in Details, er will Ruhe und keine Diskussion. Was er errechnet, das hat Hand und

Fuß, da muss nichts interpretiert oder reflektiert werden, denkt er sich, und schlägt die Mappe mit den Unterlagen zu. Loredana hingegen fühlt sich allerdings gerade von einer Kreativität beseelt, will über die Details schweben. Sie will eine andere Perspektive einnehmen und fragt: »Können wir das weite Ziel in Zwischenschritte zerlegen, damit wir früher ein Erfolgserlebnis spüren, und können wir noch eine Idee finden, um das Projekt moderner, kreativer, außergewöhnlicher zu gestalten?« Der analytisch denkende, gewissenhafte Kollege verdreht die Augen und antwortet: »Stopp, das bringt uns ab vom Wesentlichen.« Der Konflikt ist vorprogrammiert.

Eine Kollegin mit einem hohen Anteil an Verträglichkeit wird darunter leiden. Ihr sind persönliche Beziehungen wichtiger als eine Diskussion um Fakten. Sie will vermitteln, was einem neurotizistischen Chef wiederum widerstrebt. Er will endlich Ergebnisse und keine Gefühlsduselei. Also fährt er dazwischen und fordert die verträgliche Kollegin auf, etwas Substanzielles zum Thema beizutragen oder zu schweigen. Stopp!

Perspektivenwechsel

Wie wäre es, würden Sie für zehn Minuten in die Rolle des anderen schlüpfen? Versuchen Sie, zunächst mit seinen Augen auf das Projekt zu sehen. Welche Gedanken, welche Worte, welche Gefühle kommen Ihnen in den Sinn?

Wie wäre es, wenn Sie das Persönlichkeitsmuster des anderen als Bereicherung werten würden und ihm damit eine Wertschätzung gäben?

Sie werden verblüfft sein, wie sich auf einmal ein Verständnis für den anderen in Ihnen ausbreitet. Sie nehmen die Gesten, die Mimik, die Absicht des anderen in einer positiven Weise wahr – und reagieren freundlich. Das verdanken Sie Ihren Spiegelneuronen. Die nämlich sind in unserem Gehirn dafür zuständig, die Gefühle der anderen aufzunehmen, zurückzuwerfen und damit ein Band aus Sympathie zu weben. Vielleicht haben Sie sich schon einmal gefragt, warum Sie gähnen, wenn Ihr Gegenüber gähnt, oder warum Sie die Finger verknoten, wenn Ihr Gesprächspartner das tut? In diesen Momenten kommen Sie anderen Menschen in einer gefühlvollen, sozialen Weise nahe.

Spiegelneuronen glühen zu lassen, das ist ein Geheimnis der Dolce-Vita-Strategie: Sie sehen hin und erwidern ein Lächeln. Sie erkennen eine Sorgenfalte auf der Stirn und machen sich diese Sorgen des anderen für einen Moment zu eigen. Sie ahnen Freude beim anderen über einen Erfolg, fangen diesen Funken auf und sprühen ihn mit einem Lob zurück. Sie öffnen sich für die gesamte Klaviatur der Gefühle, und daraus darf eine abwechslungsreiche Melodie im Team ertönen. Weil Sie nicht stur an Ihrem Platz bleiben, auf Ihrer Meinung beharren. Weil Sie sich die Elastizität bewahren, in andere Rollen zu schlüpfen und die Vorzüge zu erkennen.

Staunen Sie!

Italiener lieben diesen Perspektivenwechsel. Mal piano und mal fortissimo. Für sie liegen Glück und Tränen nahe beieinander, und beidem geben sie einen Ausdruck. Sie wollen Klangfarbe im Leben und den anderen einen Nutzen spenden. Wäre jeder Italiener ein Künstler, so würde er an seinen Alltagen hämmern und schleifen, bis sie Kostbarkeiten wären. Dieses Vermächtnis hat ihnen unter anderen Leonardo da Vinci hinterlassen. Wenn dieser Meister, der durch seine Malerei, Bildhauerei, seinen medizinischen, astrologischen, philosophischen Forschungen die Menschen bis heute fasziniert, vor einer Herausforderung stand, dann wurde er demütig. Auch das ist eine Emotion, die wir hochhalten wollen! Denn die Demut verhindert den Hochmut und sie bringt uns immer wieder dahin zurück, was im Leben für uns zählt – die Liebe zu den Menschen und zu den Aufgaben.

Charles Nicholl beschreibt in der lesenswerten Biografie über dieses Genie, dass er zeitlebens von einer Demut erfüllt war. Nichts nahm er als selbstverständlich. Er hatte das Staunen trainiert, egal wie groß sein Erfolg schon zu Lebzeiten war. Da Vinci soll gesagt haben: »Und da ich von unbändigem Verlangen dorthin gezogen wurde, stets begierig, die ungeheure Fülle von allerlei seltsamen Formen zu schauen, welche die findige Natur geschaffen, so gelangte ich, nachdem ich eine Weile zwischen den düsteren Klippen umhergewandert war, zum Eingang einer großen Höhle, vor der ich staunend eine Zeitlang stehenblieb, weil ich nichts davon wusste. Mit gekrümmtem Rücken, die linke Hand auf das Knie gestützt und mit der rechten die gesenkte, gerunzelte Stirn überschattet, beugte ich mich immer wieder vor, bald dahin und bald dorthin, um zu sehen, ob drinnen irgendetwas zu unterscheiden sei; aber daran wurde ich gehindert durch das tiefe Dunkel, das dort herrschte. Und nachdem ich eine Weile so davorgestanden hatte, regten sich plötzlich zwei Gefühle in mir, nämlich Furcht und Begierde: Furcht vor der düster drohenden Höhle und Begierde zu erforschen, ob dort drinnen etwas Wunderbares sei« (Nicholl 2009, S. 215).

Mit dem Staunen über Fremdes, Ungewohntes, über Attitüden, die nicht Ihre eigenen sind, lassen Sie Sauerstoff in Ihre Zellen und in die Büros sowieso. Sie lassen Emotionen zu.

Druck ablassen

Wenn wir heute unsere Arbeit in italienischen Unternehmen mit denen in deutschen Konzernen vergleichen, dann fällt uns auf, wie wenig die Mitarbeiter in Deutschland staunen. Sie nehmen vieles als gegeben hin und arbeiten oft entlang von Standards. Druck halten sie übrigens lange aus; in Deutschland ist das ein Zeichen von Stärke. Das finden wir bis zu einem gewissen Maße gut. Allerdings, und damit kommen wir noch einmal zurück auf die Spaghetti-Metapher, zu viel Druck verhindert den Biss. Deshalb möchten wir Leichtigkeit mit Zielstrebigkeit verbinden, Stärken mit Erfolg verrühren und am Ende das gute Gefühl inhalieren, das immer entsteht, wenn Menschen sein dürfen, wie sie sind, und Aufgaben erfüllen dürfen, die sie lieben.

Sechs Gedankenanstöße aus der Dolce-Vita-Strategie

- Ist der Druck, den Sie täglich bei Ihren Aufgaben empfinden, ermüdend? Dann schalten Sie ab, bevor Sie Ihre Elastizität verlieren.
- Macht es Ihnen Freude, mit Kollegen zu reden, zu lachen, sich auszutauschen und anzuvertrauen? Wunderbar! Sobald Sie Sachlichkeit und Emotionen teilen, entsteht Erfolg. Auch Spaghetti schmecken in Gesellschaft besser!
- Können Sie bei Fehlern und Erfolgen gleichermaßen über sich lachen? Humor ist die beste Zutat für Zufriedenheit – und danach streben wir alle im Leben.
- Stiften Sie mit dem, was Sie täglich tun, einen Nutzen für andere? Italiener sind Weltmeister darin. Sie fangen im kleinen Kreis – in der Familie – an und üben so lange, bis sie perfekt darin sind. Das lenkt übrigens von den eigenen Problemen ab und weckt das Mitgefühl für andere.
- Schenken Sie anderen Menschen täglich ein schönes Gefühl? Ein Kompliment, ein Augenzwinkern, ein Nicken können Wunder wirken. Die Spiegelneuronen flitzen dann in den frontalen Stirnlappen, dort wo die Emotionen wohnen.
- Steigen Sie morgens mit Vorfreude auf Ihre Aufgaben aus dem Bett? Wunderbar, dann kann der Tag nur noch gut werden, es sei denn Sie haben vergessen, Espresso einzukaufen …

Literatur und Internet

Nicholl, Charles: Leonardo da Vinci. Frankfurt am Main: Fischer, 4. Auflage 2009

http://www.gallup.de/183104/engagement-index-deutschland.aspx, s. Pressemitteilung Engagement Index 2016 [29.08.2017]

https://de.wikiquote.org/wiki/Leonardo_da_Vinci. [29.08.2017]

JAMMERFLIEGE STOP

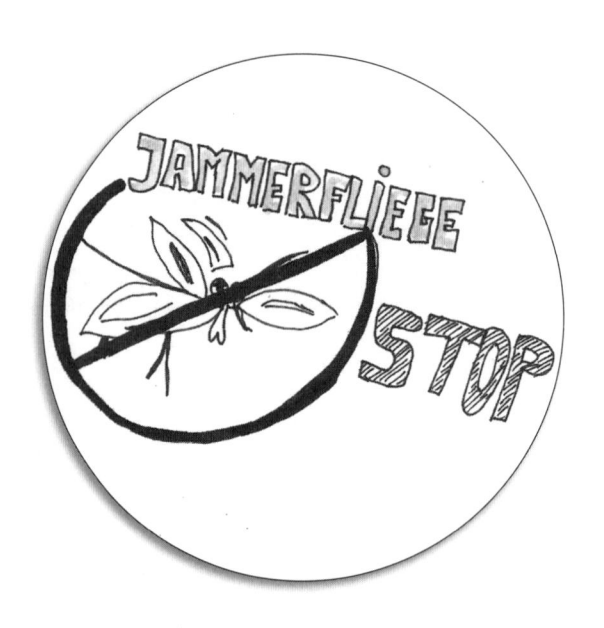

Kapitel 2
In der Wurzel pocht die Kraft

Stress will dosiert sein

Es gibt kein Leben ohne Stress. Die Tage wären nicht hell, nicht dunkel, zeigten keine Lücke zwischen tiefhängenden Wolken. Keine Wärme, keine Kälte, kein Wind würde uns streifen. Alles wäre von eintönigem Grau. Solche Tage wären nicht italienisch! Sie wollen Farbe im Alltag und wissen genau: Ohne Stress gibt es keine Emotionen. Liebe und Leidenschaft wären nicht möglich und so manche Leistung verlöre ihren Glanz. Deshalb sind Italiener geradezu süchtig nach einer kleinen Prise Stress an jedem Tag – nur wissen sie genau, wann die Prise zu groß und damit ungesund wird. Sie folgen der alten Weisheit, die der Arzt Paracelsus einst verkündete: »Die Dosis macht das Gift.«

Zu viel Stress raubt uns Kraft. Zu wenig davon hält uns fest in der Langeweile. Was fast logisch klingt, wirft eine Frage auf: Wie finden Sie die richtige Dosis Stress, sodass sie Ihnen guttut und nicht giftig wirkt? Um es gleich vorwegzunehmen: Wir können es nicht in Gänze beantworten. Es gibt kein Standardrezept. Wie viel Stress Ihnen persönlich einen Antrieb im Alltag gibt, das hängt ab von Ihrer Persönlichkeit und letztendlich von Ihren hellen Emotionen.

Wenn wir Sie im vorigen Kapitel vor dem Hamsterrad warnten, in das Menschen in ihrer ungeliebten Aufgabenfülle allzu schnell geraten, dann wollen wir vor diesen Stress ein Stoppschild setzen. Dauerstress auf einem hohen Level schwächt Sie. Wozu wir Sie jedoch ermuntern wollen, das ist, jenes Quäntchen Stress zu aktivieren, das sie brauchen, um zu wachsen, um aufzublühen. Um das zu erkennen, werden wir in diesem Kapitel auf Ihre Wurzeln blicken, denn dort ist der Bereich Ihrer Merkmale und damit Ihrer positiven Energie. Wir werden Ihnen zeigen, dass Stress Fluch und Segen gleichzeitig ist, und dass Sie selbst entscheiden, ob er Sie schwächt oder stärkt. Und weil alles irgendwie mit einer Selbsterkenntnis beginnt, bieten wir Ihnen zum Schluss – wissenschaftlich fundiert und mit einem Augenzwinkern versehen – den Dolce-Vita-Persönlichkeitstest an. Der wird die Grundlage sein, wenn wir später den Helden in Ihnen finden werden, der Sie zum Erfolg befähigt.

Zwei Seiten von Stress

Kaum ein Phänomen ist mit solchen Paradoxen behaftet wie der Stress. Es lohnt sich, einmal mit Muße zu ihm hinzusehen und ihn nicht vorschnell zu verdammen, wie es viele Ratgeber empfehlen. Denn fest steht: Sie brauchen ihn wie das Wasser zum Leben. Er ist Ihr Motivator, um Pläne zu verwirklichen, um Veränderungen herbeizuführen. Er lässt Sie morgens aufstehen und Ihr Leistungshoch am Mittag erreichen. Er ermöglicht Ihnen jeden einzelnen Sprint hin zu ihren Zielen. Er lässt Sie lachen, weinen, schimpfen, Emotionen spüren.

Verantwortlich für diese Vielfalt ist der Botenstoff Noradrenalin, den die Nebennierenrinde bildet. Das macht sie unerlässlich und mit beeindruckendem Fleiß. Sie dosiert die Portionen, je nach Stimmung und Gegebenheit. Im besten Falle verbindet Noradrenalin sich mit weiteren Botenstoffen: Dopamin und Serotonin. Dann entsteht ein Glückscocktail. Die Italiener lieben diesen Mix! Für sie sind es die Sprudelperlen für gute Laune, die immer dann vom Herz ins Gehirn steigen, wenn die Stressdosis gesund ist. Das passiert, wenn Sie Ihre Aufgaben lieben und das Leben sowieso.

Im schlimmsten Falle aber entsteht aus dem Botenstoff Noradrenalin ein anderer Stoff: Adrenalin. Dieser Stoff wandert sofort von der Niere ins Gehirn, den Umweg über das Herz nimmt er nicht. Wenn Adrenalin dauerhaft durch die Adern fließt, wenn unliebsame Aufgaben Sie quälen und zudem keine Zeit für Pausen bleibt, dann wird dieser Stoff schädlich: Die Glückshormone ziehen sich zurück. Die Freude kommt abhanden. Der Drang, im Hamsterrad zu laufen, wächst kontinuierlich, hoffend, irgendwann doch wieder Sprudelperlen zu spüren. Sie ahnen es – eine unsägliche Spirale entsteht. Der Stress steigt, der Körper schwächelt, der Geist wird müde. Und wenn sich nun noch der Zweifel und das Jammern hinzuaddieren, dann kann es sein, dass Sie Ihre Kraft verlieren.

Damit Sie für Ihren Stress sensibel werden, bietet die Dolce-Vita-Strategie die Metapher des Olivenbaums. Er ist in Italien das Sinnbild für Stärke, Wohlstand, Würde, Resilienz. Ein Olivenbaum trägt selbst unter schwierigen Bedingungen Früchte, die wir das Gold Italiens nennen. Wie kaum ein anderer Baum trotzt er seit Jahrtausenden Stürmen und Temperaturschwankungen und saugt in einer unprätentiösen Art seine Kraft aus den eigenen Wurzeln.

Der Olivenbaum: keine Chance für die Jammerfliege

Schließen Sie die Augen und denken Sie an die Toskana. Wir wetten, dass Bilder einer sanften Landschaft in Ihnen aufleuchten. Sie sehen enge Gassen mit Häusern aus Sandstein. Wäscheleinen spannen sich von einem Fenster zum gegenüberliegenden, bunte Tücher wehen im Sommerwind. Stimmen flirren durch die Fenster, verströmen ein Gefühl von lebhafter Heimeligkeit. Irgendwo schnurrt eine Katze auf einer Mauer, und Sie denken: »Hier verlangsamt sich die Zeit.« Sie wandern weiter durch das Spiel aus Licht und Schatten, blicken durch schmiedeeiserne Gitter in Hinterhöfe hinein. Diese duften nach Blüten aus Oleander und Hibiskus, und auf einem Tisch steht ein Korb gefüllt mit Obst. Leichten Schrittes schlendern Sie weiter, folgen dem Anstieg bis zu einem Plateau. Dort bleiben Sie stehen und staunen über die Landschaft, schön wie von Künstlern gemalt: seichte Hügel, ein Himmel mit Wolken betupft, dazwischen bizarre Baumkronen auf knorrigen Stämmen – Olivenbaumhaine, so weit das Auge reicht. »Wie eine Skulpturenlandschaft«, denken Sie und halten dieses Bild in sich fest. Gut so.

Die Olivenbäume sind ein Kulturgut in Italien. Wir bewundern diesen Baum wegen seiner Fähigkeit, die Wurzeln der Erde anzupassen, auf lehmigem oder steinigem Grund seine Kraft niemals zu verlieren. Wir haben ihn sogar lange Zeit für unsterblich gehalten. Und dann kam der Feind und tötete im Jahr 2013 Millionen dieser Bäume. Was übrigblieb, war eine kahle Landschaft. Wo bislang silbrige Blätter glitzerten, ist heute ein Nichts. Botaniker haben einen Namen für diesen Olivenbaumfeind: Sie nennen ihn Xylella fastidiosa, das Feuerbakterium. Wenn es einmal durch Insekten in den Blättersaft gelangt, gibt es keine Rettung mehr. Es verbreitet sich und zerstört die Energie, und damit beginnt das Sterben. In kurzer Zeit verliert der Baum seine Ausstrahlung und seine Wurzelkraft. Er fällt in sich zusammen wie eine leere Hülle. Die Bauern übrigens vernichten den Feind mit Axt und Flammen. Sie haben Angst, das Bakterium könnte noch mehr Bäume schädigen. Dann würden ihre Erträge ausbleiben und dann würde Italien ein Stück von seiner Schönheit verlieren. Warum wir Ihnen das erzählen? Weil Menschen genauso wie Olivenbäume eine wunderbare Widerstandskraft in sich tragen. Aber statt sie zu schützen, setzen sie sich täglich einem Feind freiwillig aus, der wie das Feuerbakterium wirkt: Er strömt dann durch die Adern, um die Energie zu saugen. Nur wird dieser Feind, den wir meinen, nicht durch Insekten übertragen, sondern über schlechte Gedanken. – Wir meinen das Jammern.

Gedankenreise: Wenn die Jammerfliege sticht

Stellen Sie sich für einen Moment vor, Sie sind ein Olivenbaum, unverwechselbar in der Gestalt und von Geburt an ausgestattet mit Eigenschaften, um im Leben ertragreich zu sein. Sie ruhen fest auf Ihren Wurzeln. Über die Jahre hat sich sogar ein Stamm aus Erfahrung und Wissen hinzugefügt, und darüber hinaus sind Äste entstanden. Die haben sich verzweigt zu einer schönen Krone aus Erlebnissen. Weil Sie Ihre Energie klug eingeteilt und Ihre Zuversicht gestärkt haben, sind Sie nun aufgeblüht. Sie tragen Früchte zwischen den silbrigen Blättern. Man könnte denken, Sie seien angekommen an Ihrem Ziel, und es könnte in diesem Rhythmus weitergehen: Kraft finden, sich entwickeln, Freude spüren und Erfolge ernten. Und dann kommt die Jammerfliege. Getragen durch den Wind, gepustet durch ein unbedachtes Wort eines Kollegen, beschleunigt durch Unzufriedenheit mit der Karriere, der Beziehung und überhaupt mit dem Leben, sticht sie in einer schwachen Stunde zu. Infiziert! Die Jammerfliege flüstert unentwegt: »Du bist nicht gut genug.«, »Du musst mehr arbeiten, mehr verdienen.«, »Du bist nicht beliebt, nicht kreativ, nicht gewissenhaft, nicht leistungsstark.«, »Du bist es nicht wert, gefördert und geliebt zu werden.«

Diese Gedanken höhlen aus. Sie erzeugen jenen Stress, der sich niemals mit Ihren Glückshormonen verbindet. Es ist der schlechte, emotional düstere Stress, den Italiener meiden wie der Teufel das Weihwasser. Und mit diesen schweren Gedanken beginnt das Sterben. Ihre Wurzeln senden keine Energie mehr. Sie vergessen, dass Sie einzigartig sind. Der Zweifel hat nun ein leichtes Spiel. Er weitet sich aus, höhlt Sie aus, bis Sie Ihre Ausstrahlung verlieren. Und am Ende steht nur noch eine Frage: Genüge ich so, wie ich bin? Stopp!

→ **Unser Tipp aus der Dolce-Vita-Strategie**

Sobald Sie einen Impuls zum Jammern wahrnehmen, halten Sie inne. Sagen Sie sehr entschieden: »Stopp!« Dann wenden Sie sich gedanklich und körperlich ab. Verjagen Sie die Jammerfliege, indem Sie sich konsequent schönen Themen zuwenden. Alles andere schwächt Ihr Immunsystem und raubt Ihnen die Freude im Leben.

Die Entpuppung der Jammerfliege

Wir haben in den vergangenen zehn Jahren beobachtet, in welchen Situationen Menschen jammern, wann sie anfällig sind für das aufzehrende Bakterium. Wir haben zahlreiche Interviews geführt, sie ausgewertet und interpretiert. Wir haben uns gefragt: Was bringt Menschen dazu, ihre eigenen Fähigkeiten anzuzweifeln?

Das Ergebnis unserer Arbeit war überraschend: In den meisten Fällen sind es nicht die ungünstigen Umstände, die von außen auf Menschen einwirken. Niederlagen, Schulden, Krankheit, Trennungen, Trauer, Schmerzen – diese gibt es durch nichts schönzureden. Es ist in schwierigen Phasen wichtig, schwere Emotionen zuzulassen. Es ist wichtig, sich der Familie oder Freunden anzuvertrauen, und wenn der Schmerz allzu groß wird, über eine professionelle Hilfe nachzudenken. Es kann sogar sinnvoll sein, sich für eine Weile an einen stillen Ort zurückzuziehen, zu weinen, zu wüten, irgendein Ventil in sich zu öffnen, um wieder durchatmen zu können. Was folgt, das ist eine Reflexion über die missliche Lage und das Suchen nach eigenen Mustern, um diese Lage zu meistern.

Diese Mittel des Teilens der Emotionen bis hin zu einer traurigen und klaren Bestandsaufnahme bezeichnen wir als probate Werkzeuge, um sich wieder selbst zu finden, um sich an die eigene Kraft zu erinnern. Was wir aber ablehnen, ist ein destruktives Jammern, denn damit finden Sie keinen Ausweg aus dem Dilemma. Sie drehen sich um sich selbst bis zur Erschöpfung. Was folgt, ist ein Zweifeln an sich selbst, eine Schuldzuweisung nach dem Motto: »Ich war noch nie gut genug«. Damit richten Sie Ihren Blick auf die Schwächen und lassen diese groß werden. Sie gehen auf die Schattenseite Ihrer Persönlichkeit – und verlieren die Orientierung.

Der Selbstzweifel ist die Larve, die wir in unser Denken und Handeln legen. Und bitte glauben Sie uns: Einmal abgelegt, wird sie sich entpuppen. Sie wird zu einer Plage, weil sie nicht nur das Berufsfeld, sondern auch Beziehungen und Freundschaften und das gesamte private Feld befällt. Bedenken Sie: Die Xylella fastidiosa überwand Kontinente, überwand die Strecke von Amerika bis Italien, um dort die Olivenbäume anzufallen. Auch Ihr Jammern, das immer im Selbstzweifel enden wird, hat dieses Durchhaltevermögen. Zum Glück können Sie vorbeugen, können einen wirksamen Schutz installieren. Alles, was Sie tun müssen, um auf der Sonnenseite zu bleiben und um Ihre Chancen im Leben wahrzunehmen, ist Folgendes:

- Lernen Sie Ihre Persönlichkeit kennen und schätzen.
- Identifizieren Sie Ihre besonderen Gaben und stärken Sie diese mit Fleiß und Geduld. Wie das funktioniert, verraten wir Ihnen im nächsten Kapitel.
- Nehmen Sie Ihre Emotionen ernst und seien Sie bereit, Ihre Entscheidungen zu revidieren, wenn der Bauch grummelt.
- Teilen Sie sich anderen Menschen mit, die Ihnen wohlgesonnen sind. Diese haben in der Regel einen klaren Blick für Ihre Fähigkeiten. Nehmen Sie deren Feedback an.
- Glauben Sie an sich!

- Verlassen Sie das System, das Ihnen nicht guttut. Wenn Menschen an Ihnen herumnörgeln, Ihr Potenzial nicht respektieren, dann suchen Sie sich ein anderes Feld für Ihre Entfaltung.
- Bewahren Sie sich einen Schuss Arroganz im Alltag, der besagt: »Ich finde mich fantastisch.« Das finden wir richtig, denn es ist ein Satz zum Festhalten und Aufrichten.

Was töricht wäre

Erinnern Sie sich an die Big Five, die wir als Persönlichkeitsmerkmale bereits erwähnten? Sie bestimmen Ihre Art, Ihre Kraft, Ihre Resilienz. Ob Sie offen, kreativ, wissbegierig, analytisch, gewissenhaft, gesellig, empfindlich, beziehungsstark, visionär, dynamisch oder vorausschauend durch den Beruf gehen, können Sie nicht selbst entscheiden! Es ist in Ihren Genen, in Ihren Wurzeln verankert. Ob Sie überwiegend zur Gewissenhaftigkeit oder Offenheit, Verträglichkeit, Extraversion oder zum Neurotizismus neigen, das ist Ihnen angeboren. Leben Sie damit.

Allerdings prägt mindestens ein Bereich Sie in besonderer Weise. Der steht im Vordergrund, der ist Ihr vordringliches Merkmal. Es kann sein, dass es sich dank einer förderlichen Erziehung und dank fruchtbarer Umweltbedingungen zu einem wahren Juwel in Ihrem Charakter entwickelt hat. Dann werden Sie mit Selbstbewusstsein Ihre Kreativität, Ihre Dynamik, Ihre Wissbegierde oder Ihre Offenheit vor sich hertragen. Das wünschen wir Ihnen.

Es kann aber auch sein, dass Sie aufgrund einer nicht förderlichen Erziehung Ihr prägendes Merkmal und damit Ihre Fähigkeiten unterdrücken. Und genau hier liegt der Knackpunkt: Wenn das geschieht, werden Sie über kurz oder lang jammern. Sie werden von einer tiefen Unzufriedenheit befallen, weil Sie nicht zeigen können, wer Sie wirklich sind. Damit begann schon so manches Leiden. Ein Mitarbeiter, der von Natur aus kreativ ist, aber als Archivar arbeitet, der wird unglücklich sein und irgendwann über sein Unglück jammern. Ein Vortragsredner, der die große Bühne liebt, aber im Job als Sachbearbeiter in einem Einzelbüro die Reisekostenbelege der Kollegen addiert, der wird hinter diesem Schreibtisch acht Stunden am Tag verkümmern. Ein Sales Manager, dem die gute langfristige Beziehung zu seinen Kunden wichtig ist, der jedoch mit Druck Verträge abschließen soll, der wird traurig, wenn Kunden sich beschweren und sagen: »Wir haben Ihnen vertraut und sind enttäuscht worden.«

Zufriedenheit geht immer einher mit einem authentischen und wertorientierten Verhalten. Diese Einsicht ist nicht gänzlich von uns. Die haben schon andere, sehr prominente und außerordentlich geistreiche Italiener formuliert. Aber wie es in Italien üblich ist, bleiben solche Einsichten nicht in Geheimakten stecken. Sie werden weitergetragen, überleben Generationen. So auch dieser schöne Satz von Leonardo da Vinci: »Wer nicht kann, was er will, muss das wollen, was er kann. Denn das zu wollen, was er nicht kann, wäre töricht.«

Genießen im eigenen Stil

Der Da-Vinci-Satz ist die Grundlage für unser Dolce-Vita-Persönlichkeitsprofil. Zwar folgen wir der wissenschaftlich anerkannten Methode der Big Five, aber wir lehnen Methoden wie Structogram, DISG oder Insight oder Ähnliches in ihrer Stringenz ab. Weil sie nach unserem Geschmack nur ein Schwarz-Weiß-Bild zeichnen. Weil sie kategorisieren. Wir können mitgehen, wenn Ratgeberautoren die Welt in analytische, gesellige, in visionäre und dynamische Typen einteilen. Was wir aber vermissen, das sind die Emotionen.

Ein Visionär, der jammert, der ist in dieser Phase nicht kreativ. Umgekehrt kann ein Analytiker, dem Zahlen wichtiger sind als Worte, in einer Phase des Verliebtseins zu einer schillernden Lyrik fähig sein. Ein Macher, extrovertiert und erfolgsverwöhnt, kann nach einer Niederlage derart geschwächt sein, dass er für lange Zeit nur Stille will. Ein geselliger Mensch, für den Beziehungen der Kern seiner Existenz sind, der kann durchaus zu Leistungskaskaden fähig sein, wenn er die Karrierechance seines Lebens wittert.

Für uns sind Emotionen die wahren Treiber in Beruf und Alltag. Die nämlich können derart stark sein, dass neue Äste in der Persönlichkeitskrone entstehen. Deshalb sagen wir: Menschen haben eine Grundstruktur, ja, das ist wahr. Aber sie können diese Struktur überschreiten, ausdehnen, sie können sie hochschrauben, bis die Gedanken fliegen.

Wir haben die Standardmethoden verlassen und sind unprätentiös – also italienisch – vorgegangen. Wir haben uns gesagt: Wenn Ihr Charakter zu 50 Prozent angeboren ist, dann sind diese 50 Prozent wahrscheinlich gottgegeben. Freuen Sie sich darüber, denn das ist ein Geschenk! Die anderen 50 Prozent sind durch Ihre Arbeit, Ihre Erfahrungen, Ihre Erlebnisse gewachsen. Aus beiden Facetten, der angeborenen und der erarbeiteten, haben wir vier Dolce-Vita-Typen definiert, indem wir eine Chiffre entschlüsselten, die italienischer kaum sein kann. – Wir haben uns gefragt: Wie genießen Menschen ihr Essen? Wie bestellen sie ihre Pizza, ihre Pasta? Und was sagt die Art und Weise, wie sie genießen, über ihren Charakter, ihren Zeittakt, ihre Intention jenseits des Hungerstillens aus? Die Antworten finden Sie im Folgenden.

Die vier Dolce-Vita-Persönlichkeitstypen

PERSÖNLICHKEITSTYPEN

VAPIANO TYP — PIZZERIA TYP — RISTORANTE TYP — CASA TYP

Der Vapiano-Typ: Der Vapiano-Typ analysiert, plant und will Fehler vermeiden. Er ist ein vorbildlicher Zeitmanager. Störungen schließt er konsequent aus, weil er sich auf seine Themen fokussiert. Überraschungen sind ihm lästig – Vorhersehbarkeit ist sein Ziel. Überhaupt mag er die Sicherheit im Job und im Leben, am besten alles vertraglich garantiert, denn das schenkt ihm eine innere Ruhe. Ein Vapiano-Typ ist ein verlässlicher, intelligenter, strebsamer Typ. Er wirft weder mit Geld noch mit Emotionen um sich. Diese Merkmale spiegeln sich auch in der Wahl eines Restaurants wider: Für ihn zählen weder Ambiente noch Geselligkeit. Er will die Zutaten sehen, bevor sie gekocht und gegart auf seinem Tisch landen, und vor allem will er sich auf Preis und Service verlassen können. Ein Vapiano-Typ stillt seinen Hunger auf sachliche Art: Er zählt die Kalorien samt Nährstoffen, gern darf alles biologisch sein. Auf eine Vorspeise verzichtet er, auch der Espresso zum Schluss ist nur überflüssig. Wer mit einem Vapiano-Typ essen geht, der wird keine Diskussion um die Rechnung erleben: Jeder bezahlt für sich. So einfach ist das.

Vapiano-Typen sind in Unternehmen oft Techniker, Controller, Revisor oder Buchhalter. Im Team sind sie diejenigen, die Fehler vorhersehen und vermeiden. Ihr hohes Fachwissen wird manchen beeindrucken. Allerdings neigen Vapiano-Typen dazu, ihre Kollegen mit Details zu überfordern. Dann fachsimpeln sie vor sich hin, setzen voraus, dass andere ihre technisch korrekte Sprache verstehen. Qualität der Arbeit ist ihnen ein Anliegen. Dafür sind sie bereit, einiges an Weiterbildung zu investieren. Konflikte übrigens gibt es kaum mit ihnen, denn sie sind Einzelgänger, meiden Klatsch und Tratsch. Fakten sind das, was sie wollen. Sie wachsen an den Aufgaben und nicht an der Beliebtheit.

In den Wurzeln eines Vapiano-Typen steckt ein großer Teil an Langmut und Konsequenz. Wenn sie diese Merkmale für ihre Karriere nutzen, dann sind sie fähig, den Gipfel zu erreichen. Aber bitte im Alleingang und nicht im Team.

Der Pizzeria-Typ: Der Pizzeria-Typ ist dynamisch, unterhaltsam und immer in Eile. Und doch ist er Mittelpunkt in jeder Runde. Das liebt er, denn die Aufmerksamkeit der anderen ist für ihn wie ein Elixier. Deshalb spricht er gern, vornehmlich über sich und seine Projekte, mit denen er aktuell jongliert. Meist hält er fünf mit beeindruckender Behändigkeit in der Luft, und dafür erwartet er Applaus.

Ein Pizzeria-Typ will Abwechslung, deshalb wählt er das Tagesmenü auf der Karte. Wer mit einem Pizzeria-Typ essen geht, der wird eine kurzweilige Pause erleben. Der muss keine Angst davor haben, dass sich zwischen Hauptgang und Dessert ein Schweigen ausbreiten könnte. Eher könnte er befürchten, selbst nicht zu Wort zu kommen, weil ein Pizzeria-Typ immer etwas zu sagen hat. Eigentlich reicht die Mittagspause für sein Themenrepertoire nicht aus. Nach einem Espresso ist er hochzufrieden, übernimmt gern mit großer Geste die Rechnung für alle und setzt ein dickes Trinkgeld obendrauf.

Im Unternehmen ist der Pizzeria-Typ oft ein Manager, ein Teamleader, der das Tempo vorgibt. Er strebt Ergebnisse statt Ziele an. Dafür ist er bereit, auch unter Druck zu arbeiten. Routine mag er nicht, Niederlagen verträgt er nicht. Er will siegen, und zwar schnell, um sich in Erfolgen zu sonnen. Sein Emotionsfaktor steigt hoch – Stolz, Freude, Glück sind seine Favoriten.

Seine Fähigkeiten liegen darin, andere zu inspirieren, zu ermutigen und darüber hinaus den Erfolg im Blick zu halten. Sein Treiber ist die Frage: Wo bitte geht es zum Gipfel? Dabei stürmt er voran, darauf hoffend, dass die anderen folgen können.

Der Casa-Typ: Er liebt das Leben, die Gesellschaft und das Essen, am liebsten zu Hause, denn dort ist es gemütlich, dort kann man schwelgen in hausgemachten Delikatessen. Die Zutaten wählt er mit Bedacht, gesund und bekömmlich sollen sie sein. Er bereitet mit Hingabe ein Menü. Wenn die Gäste kommen, spielt im Hintergrund eine dezente Musik, Kerzenlicht zeichnet die Stimmung weich. Geschirr und Blumen, gute Gerüche verbinden sich zu einer Harmonie. Man soll sich wohlfühlen in seinen Räumen. Und sollte ein Gast Wein oder einen Salat mitbringen, dann freut sich der Casa-Typ darüber und wird mit Lob verschwenderisch sein. Ein Casa-Typ wertschätzt seine Gäste und bietet ihnen eine Bühne; wenn sie zufrieden sind, ist er es auch.

Im Unternehmen finden sich Casa-Typen in allen Ebenen – von der Führungsetage bis zum Empfang. Ihnen eigen ist die Gabe, Konflikte im Voraus zu riechen und sie abzufangen, nichts soll das warme Klima stören. Dafür sind sie stets zu Gesprächen und Gefallen bereit, lassen gar ihre eigenen Aufgaben liegen.

In ihren Wurzeln tragen sie ein Talent für Beziehungsfähigkeit. Sie selbst blühen auf, wenn sie andere unterstützen. Wertschätzung ist ihr Paradewort und damit sind sie von Natur aus emotional. Ihr Motto könnte sein: Wenn du mich brauchst, dann bin ich für dich da.

Der Ristorante-Typ: Der Ristorante-Typ ist ein Entdecker, ein Genießer, ein Mensch mit schillernden Ideen. Er bevorzugt die kreative Küche mit ihren raffinierten Kompositionen – das triggert seinen Geschmack. Nur keinen Einheitsbrei und auf keinen Fall Hausmannskost! Er wählt seine Weine und das Menü aus der oberen Kategorie, nicht der Preis ist entscheidend, sondern das gute Gefühl. Für einen Ristorante-Typ ist Essen ein Synonym für Weltoffenheit. Meist kann er die Unterschiede der inter-

nationalen Küchen mit Leidenschaft benennen und es kann sein, dass er dem Koch einen Gruß und einen Tipp zur Verfeinerung des Schokomousses zukommen lässt. Für seinen hohen Anspruch ist er bereit, tief ins Portemonnaie zu greifen, die Rechnung seiner Gäste zahlt er gleich mit.
In einem Unternehmen ist ein Ristorante-Typ der Visionär. Er sieht Entwicklungen voraus, erkennt Zusammenhänge, wo andere noch im Dunkeln tappen. Er versteht es, Kollegen von seinen Themen zu begeistern und setzt oft eigene Marker in ein Projekt. Wer glaubt, ein Ristorante-Typ sei ein Traumtänzer, der irrt. Seine Kreativität ruht auf einem soliden Wissen, und sein Anspruch ist stets, der Beste zu sein. Sein Emotionsfaktor ist generell hoch. Er versteht es, sich selbst immer wieder anzutreiben mit guter Laune und einem bemerkenswerten Selbstbewusstsein.
Die Stärke eines Ristorante-Typen ist seine geistige und körperliche Wendigkeit. Er denkt immer out of the box. Und: Wo andere stolpern, klopft er sich den Staub von der Hose und fragt sich: »Was ist mein Plan B im Leben?«.

Haben Sie sich erkannt? Prima, dann lächeln Sie sich einmal zu und seien Sie stolz auf Ihre Wurzeln. Sie bilden die tragfähige Grundlage für Ihre persönliche Heldenreise durch das Leben, aber dazu mehr im nächsten Kapitel.

HELDEN BRAUCHEN FREIHEIT

Kapitel 3
Der Held in mir darf nicht sterben

Die Bindung zählt

Alles was zählt, ist Bindung. Der Mensch ist nicht geboren, um allein durchs Leben zu gehen. Ohne Familie, Freunde, Nachbarn und Kollegen fühlt er sich wie ein Wolf, der sein Rudel verloren hat. Er sucht vergebens nach Lob und Freude, nach den Worten: »So wie du bist, bist du gut.«

Wem die Anerkennung der anderen fehlt, beginnt an sich zu zweifeln. »Warum«, so mag er sich fragen, »bin ich es nicht wert, beachtet und geliebt zu werden?« – Und damit beginnt das Verkümmern der schönen Emotionen. In Deutschland gibt es dieses Phänomen, in Italien kommt es so gut wie niemals vor. Es ist, als würde sich ein Nord-Süd-Gefälle ausbreiten: im Norden die Kälte und im Süden die Wärme. Den Grund dafür haben wir Ihnen bereits angedeutet: In Italien ist das Familienband so reißfest wie in kaum einem anderen Land in Europa. Die Familie steht dort unabdingbar dahinter. Sie ist bereit, auf ein Fingerschnippen herbeizueilen, wenn emotionale Not herrscht. Dann wird geredet, gestreichelt, diskutiert und gedrückt, bis der einsame Wolf sich wieder stark fühlt.

In Deutschland ist das anders. Dort sehen wir zwei Extreme:
- Entweder behält der Mensch seine Probleme für sich und leidet stumm.
- Oder er ist stetig bemüht, es allen recht zu machen, um den Beliebtheitsstatus im Beruflichen und Privaten zu erhöhen.

Beides halten wir für falsch, denn beides verhindert eine persönliche Entwicklung. Und weil wir Ihnen die Dolce Vita näherbringen, von den alltäglichen Geheimnissen des Miteinanders erzählen wollen, stellen wir in diesem Kapitel die Rolle der Familie im Allgemeinen und die der Mamma im Speziellen vor. Denn die Stimme der Mutter ist in Italien einflussreich. Sie wird gehört und geachtet. Sie beeinflusst das Denken der Kinder bis weit ins

Erwachsenenalter hinein, und gar nicht selten passiert es, dass die Kinder den Sprung in die Selbstverantwortung nicht schaffen. Das ist nicht gut, und hier erhält die Dolce Vita zugegebenermaßen einen kleinen Riss. Der Ruf nach der Mamma soll nämlich nicht zum Lebenskonzept werden, sondern irgendwann zu einer gesunden Mischung aus Nähe und Distanz, aus Wertschätzung und Selbstverantwortung. Und mit einem erneuten Blick auf das Nord-Süd-Gefälle der warmen Emotionen möchten wir Ihnen einen Mix empfehlen: Nehmen Sie zwei Drittel italienische Familienverlässlichkeit und ein Drittel deutsche Selbstständigkeit, wenn es darum geht, sich aus der mütterlichen Komfortzone zu wagen. Konkret: Genießen Sie die Anteilnahme, die Ratschläge und die Empathie Ihrer Familie, aber fragen Sie sich immer: Wann sollte der Eigensinn beginnen, um sich neue Wege zu erschließen?

Aus unserer Sicht sollte sich jedes Mädchen, jeder Junge ab 18 diese Frage stellen und sie fortan tausendfach wiederholen. Denn erst mit der Wiederholung passt sich das Gehirn den Wünschen an, erst dann mutieren Wünsche zu Fähigkeiten. Aber der Reihe nach. Bis es so weit ist, sind Sie auf Wohlwollen und Förderung in der Familie angewiesen.

Hilfe, die Tauben fliegen!

Der Ruf nach der Mutter ist übrigens so alt wie Sie selbst. Bereits als Säugling brüllten Sie nach Liebe. Wenn Sie in Ihrem Himmelbettchen im Alter von wenigen Wochen nach einem Mittagsschlaf die Augen öffneten, dann war ihr instinktiver Gedanke: »Wo sind meine Leute?« Es mag sein, dass Sie zunächst das tanzende Mobile am Bettrand sahen, sich über die wippenden Figuren freuten, aber schon bald drängte sich die Frage wieder in Ihr Gehirn: »Wieso liege ich hier allein und werde weder gestreichelt noch gefüttert?« Im Moment der Erkenntnis, dass Sie einsam unter Ihrem Mobile weilen, sauste die Panik über Ihre Nervenbahnen und Sie dachten:

»Schrei! Schrei um dein Leben!« Und das taten Sie, bis die Mutter kam oder irgendein bekanntes, freundliches Gesicht Sie anlächelte, bis man Sie in die Arme schloss und beruhigende Worte fand, wie zum Beispiel: »Du bist nicht allein. Ich bin bei dir. Schön, dass es dich gibt.« Höchstwahrscheinlich hatten Sie die Artikulation nicht verstanden, aber den Sinn hatten Sie begriffen, denn diese Worte waren wie ein Zaubertrank für Emotionen. Sie waren es, die Ihre Bindungsfähigkeit stärkten. Und mit jeder Wiederholung wuchs in Ihnen das Vertrauen, beschützt zu werden, selbst wenn Sie sich wenig später im Alter von ein, zwei Jahren selbstständig entfernten und damit erstmals Ihre Komfortzone verließen.

Auf einem unserer Lieblingsplätze vor der Basilica di San Marco in Venedig gönnen wir uns gern einen Cappuccino in der Bar Americano an der Nordseite des Doms. Die Bar ist laut, überfüllt und der Kaffee dort erschwinglich. Wir stellen uns vor die Tür, halten die Tasse in der Hand und sehen dem touristischen Treiben zu. In immer gleicher Abfolge erleben wir Szenen, die so typisch für diesen Platz sind wie der Gondoliere auf dem Canale Grande: Eltern streuen ihren zweijährigen Kindern Krümel in die Hand, schieben sie in die Mitte des Platzes. »Warte, bis die Tauben kommen, dann fütterst du sie«, lächeln sie ihnen zu, um sich dann einige Meter zu entfernen und das folgende Spektakel zu fotografieren. Drei unterschiedliche Reaktionen sind erkennbar:

o Erstens: Das Kind nickt, hält tapfer die Hand mit den Krümeln in die Luft und läuft heulend davon, wenn die Tauben zur Attacke ansetzen. Es stürzt sich in die Arme der Mutter, die es streichelt und beruhigt. – Das Kind hat Angst vor einer ungewohnten Situation. Der Trost der Mutter ist ihm wichtiger als die Taube in der Hand. Die Neugierde war nicht groß genug, um die Trennung von der Mutter hinzunehmen.

o Zweitens: Das Kind schüttelt den Kopf, ballt die Hand zur Faust. Kein Futter, keine Taube und schon gar nicht die aufmunternden Worte der Mutter können an seinem Nein etwas ändern. Es will nicht und dabei bleibt es. – Toll, das Kind lernt früh, Nein

zu sagen. Den eigenen Willen in dieser Konsequenz durchzusetzen ist eine Kunst, die mancher Erwachsener nicht beherrscht.
- Drittens: Das Kind nickt und wartet, was passiert. Den Tauben sieht es herausfordernd entgegen, es findet das Kitzeln auf der Hand lustig und überhaupt genießt es den Applaus der Eltern und lacht stolz in die Kamera. – Respekt. Das Kind hat eine optimistische Grundhaltung. Es hat gelernt zu vertrauen. Fremdes lehnt es nicht grundsätzlich ab, und damit kann es eine Neugierde aufs Leben entwickeln.

Wie wir auf Fremdes reagieren, liegt zum Teil an unseren Genen und zum Teil ist unser Verhalten antrainiert! Fest jedoch steht eines: Fremdes erzeugt Stress. Grund ist der Alarm, den das Stammhirn schlägt. Bei kleinen Kindern geschieht das häufig, ihr Angstpotenzial ist noch hoch. Erst das Herbeieilen der Mutter wirkt beruhigend. Mit den Worten »Keine Gefahr. Alles ist gut. Probiere es noch einmal«, sendet das Gehirn eine Entwarnung an die Organe. Der Herzschlag normalisiert sich und die Atmung verlangsamt sich wieder. Der Hormonstoffwechsel findet seinen üblichen Rhythmus.

Wenn Kinder bei Angst getröstet und gleichzeitig zur Selbstständigkeit ermuntert wurden, dann wächst in ihnen ein Selbstvertrauen, das nicht mehr schwindet. Und irgendwann im Jugendalter entwickeln sie die Träume vom eigenen Leben. Wie schön, wenn die Mutter mit einem Lächeln hinterherwinkt und ruft: »Werde glücklich. Finde deinen Weg. Ich bin im Hintergrund.« Dann hat sie ihrem Kind ein gutes Rüstzeug fürs Leben mitgegeben. Sie strahlt mit jeder Pore den Glauben an die Kreativität ihres Kindes aus, und diesen Glauben wird das Kind wie einen Rückenwind wahrnehmen. Aber leider ist das nicht immer die Wirklichkeit. Denn es gibt besonders in Italien große Jungen von rund 40 Jahren, die noch immer täglich nach der Mutter rufen. Und damit kommen wir zurück auf den Riss in der Dolce Vita, den wir mit diesem Kapitel kitten werden.

Mammonis unter uns

Mit spätestens 18 Jahren sollte der Mensch sich ein Selbstregulierungssystem antrainiert haben, das ihm erlaubt, die inneren Grenzen unabhängig von der Meinung der anderen zu verschieben. Das bedeutet, den Schlusspunkt hinter das mütterliche Sorglospaket im Alltag zu setzen und sich zu sagen: »Raus in die Welt, rein in die Karriere, und von nun an zählt die Selbstverantwortung für Fehler und Erfolge.« Wir gehen sogar so weit und behaupten, dass die zeitweise Trennung von der Familie junge Menschen stark macht.

Wer es nie lernte, Familie und Freunde zu vermissen, wer nie einmal vor Sehnsucht eine Träne verschluckte, der wird die Zuwendung seiner Familie nicht als Geschenk, sondern als Routine ansehen. Und was wir von Routine halten, das ahnen Sie: In kleinen Dosen ist sie genießbar, in großen verdirbt sie die Emotionen! Routine ist in Kinderjahren sinnvoll, da gibt sie uns einen Halt und eine Verlässlichkeit. Um sich jedoch weiterzuentwickeln, um stetig zu testen, wo Grenzen sich verschieben lassen, müssen wir auch einmal schutzlos sein. Wir müssen Emotionen aus Zweifel und Angst auszuhalten. Mammonis tun das nicht.

Mammonis heißen in Italien die jungen Männer, die vor den Herausforderungen flüchten, und zwar in die Arme der Mutter. Sie halten fest an Ritualen, geben Verantwortung für Miete, Kost und sonstige Rechnungen ab, bleiben in der vertrauten Heimeligkeit und hocken noch mit 40 Jahren in einer Komfortzone, die in Italien langsam zum Politikum wird. Die klügsten Köpfe des Landes machen sich Gedanken um sie und fragen: Was ist schiefgelaufen, dass diese jungen Männer die Bequemlichkeit einer Karrierelust vorziehen?

Wenn wir den statistischen Zahlen glauben, dann leben 70 Prozent der 18 bis 40 Jahren jungen Männer noch zu Hause und machen es sich bequem im Kinderzimmer. Sie überstrapazieren ihr Bindungssystem. Sie trainieren die Unselbstständigkeit. Sie bilden im

Gehirn eine Synapse für Bequemlichkeit. Die wird mit den Jahren dick und dicker, drängt sich in den Vordergrund im Denken und im Handeln. Synapsen sind das Gerüst im Gehirn, sie bestimmen die Architektur, aus der wir schöpfen und mit der wir unser Gedächtnis formen. Wenn Sie sich vorstellen, dass Sie über weit mehr als 100 Milliarden Nervenzellen im Gehirn verfügen und dass jede einzelne bei einem Lernimpuls nach Kontakten mit Nachbarzellen strebt, dann wird klar: Je häufiger ein Mensch einen gleichen Impuls sendet, desto dichter wird diese Kontaktstelle, bis sie sich zu einer Synapse gefügt hat. Wir müssen fortan nicht mehr überlegen, was wir tun, sondern wir rufen die Informationen automatisch ab. Ein Mammone hat gelernt, nichts zu verändern. Ähnlich geht es den Menschen, die in ihrer Komfortzone im Job verharren. Oft bleiben sie jahrzehntelang an einem Arbeitsplatz, haben gelernt, dass sich nichts verändert, wenn sie stillschweigend ihre Arbeit erledigen. Sie murren nicht, aber sie übernehmen auch keine Verantwortung jenseits der festgezurrten Grenze ihrer Alltäglichkeit. Um 8.00 Uhr ins Büro, um 17.00 Uhr nach Hause. Dazwischen Aufgaben, die schon immer ihre Aufgaben waren. Die Emotion für Neugierde kann in diesem Einerlei nicht überleben. Samstags Autowaschen, sonntags der Waldspaziergang und dazwischen ein Stück Erdbeerkuchen. »Mehr vom Gleichen« ist ihre Formel, und damit verhindern sie die faszinierende Möglichkeit, ihr Gehirn bis ins hohe Alter umzubauen, die Milliarden Nervenzellen immer wieder neu zu verbinden.

Sie können jetzt entscheiden, etwas Außergewöhnliches, Ungewohntes zu tun – und augenblicklich setzen Nervenzellen entsprechende Impulse und strecken sich nach den Nachbarzellen aus. Erst docken sie zögerlich aneinander an und testen, ob sie zusammenpassen. Wenn Sie dann dranbleiben und mit Freude reagieren, dann strecken sich die Nervenzellen weiter zueinander hin. Und in diesem Moment erhält Ihr Leben wieder Farbe.

Es kann sein, dass sich diese neuen Situationen, in die Sie sich wagen, fremd anfühlen oder Ihnen sogar Angst machen. Es kann sein, dass die Gewohnheit in Ihnen brüllt: »Gefahr, nicht weiter!«, denn Gewohnheiten sind mächtig. Aber dennoch sollten Sie die Kräfte in sich mobilisieren und an sich glauben. Anders werden Sie den Helden in sich nicht finden. Sie werden nie erfahren, welche Talente in Ihnen stecken. Sie werden sich immer ducken, wenn es im Job heißt: »Wer von Ihnen traut sich diese Aufgabe zu?« Glauben Sie uns, das Verharren in Gewohntem frisst an Ihrem Selbstbewusstsein. Es lässt in einer subtilen Weise die schöne Emotion verblassen. Zum Glück hat die Natur vorgesorgt: Sie gibt Ihnen Hinweise, wann es Zeit ist, etwas zu verändern. Meist sendet der kleine Held in Ihnen Fragen an Ihr Gehirn, und diese Fragen lauten wie folgt:

- »Warum ist dein Alltag wie ein Gefängnis?« – Sie bewundern die anderen, die mehr erreichen, die erfolgreicher sind als Sie. Sie fühlen sich oft wie ein Zuschauer, umgeben von vergitterten Fenstern.
- »Warum hast du Angst vor neuen Herausforderungen?« – Sie lassen die Chancen im Job vorüberziehen, weil der Zweifel in Ihnen nagt, ob Sie unbekannte Aufgaben erfüllen können.
- »Warum hast du eine Schonhaltung eingenommen?« – Wenn Sie mit anderen reden, zeigen Sie sich nicht. Sie machen sich klein durch vorgezogene Schultern und eine leise Stimme. Der Blick geht nicht nach rechts oben, dort wo der Optimismus strahlt, sondern nach links unten, dort wo die Traurigkeit vorherrscht.
- »Warum siehst du deine Zukunft so grau und nicht besprenkelt mit Glitzerpunkten?« – In der Routine gibt es kein Staunen. Alles ist vorhersehbar und alles ist gleich.
- »Warum glaubst du nicht mehr an einen Erfolg und an das Glück im Leben?« – In der Komfortzone gibt es nur den bewölkten Horizont. Es ist kein Wechsel der Gefühle vorhanden, und das verursacht Langeweile.
- »Warum redest du dir langweilige Aufgaben schön?« – Ein typisches Zeichen von Langeweile ist es, sich eine Situation schönzureden, um sie nicht verändern zu müssen.

○ »Warum hast du Angst vor dem Scheitern?« – Es gibt im Leben keine absolute Sicherheit. Ohne Risiko gäbe es nur Stillstand und ohne Bewegung würde sich nichts verändern.

Ihr Held hat recht, wenn er an Ihren Emotionen rüttelt! Lassen Sie sich bitte einmal das italienische Sprichwort auf der Zunge zergehen: »Chi lascia la strada vecchia per la nuova, sa quel che lascia ma non sa quel che trova.« – »Wer die alte Straße wegen der neuen verlässt, weiß, was er verlässt, aber nicht, was er findet.« Ja, eine Bewegung birgt ein Risiko, und je mehr Sie sich bis an den Rand Ihrer selbstgezogenen Komforträuder wagen, desto unheimlicher wird die ganze Angelegenheit. Aber Achtung! »In der lauwarmen Mitte wird das Leben verleumdet. Sie ist der Tatort der schlimmsten Unterlassungssünden, die wir alle erst kurz vor dem Tod bereuen«, schreibt der Bestsellerautor Hermann Scherer in seinem Buch »Schatzfinder« (2013, S. 38). Nun, bevor es so weit ist, wünschen wir Ihnen und Ihrem Helden, dass Sie lernen, wachsen, Erlebnisse und Einsichten sammeln, dass Sie mit einem offenen Blick und guten Gefühlen auf Ihrer Zeitstrecke entlangwandern und dabei Ihre Fähigkeiten entdecken. Natürlich kann es trotz Freude und Neugierde auf das Leben passieren, dass Sie scheitern. Dann zerplatzen Träume, die zum Anfassen nah waren, über Nacht wie eine Seifenblase. Das hat auch Alessandro erfahren, und es dauerte eine Weile, bis er für sich einen Plan B fand.

Traum geplatzt, und nun?

Wer sein Talent kennt, der will nur eines: es niemals wieder loslassen. Er will sich an diesem Talent festhalten, damit es ihn durch das Leben trägt. Dafür ist er bereit, eine Menge zu investieren, meist ist es Zeit und Training. Alessandro hatte so einen Schatz in sich erkannt. Früh bemerkte er, dass er auf dem Fußballplatz die Nummer eins war. Er war flink, pfiffig, hatte Durchhaltevermögen. Die Trainer förderten ihn und die Mitspieler bewunderten ihn. Und Alessandro schwor sich: »Da bleibe ich dran. Das ist mein Ding.« Er verbrachte quasi die Kindheit und einen großen Teil seiner Jugend auf dem Rasen. Er tat, was er liebte. Bald war allen klar: Alessandro würde ein Fußballprofi, und dieser Satz verfestigte sich in seinen Gedanken. Er wurde zu seinem Lebensziel. Und dann geschah das Unfassbare an einem Spätsommertag in Belgien, da war er 17 Jahre jung und die Profikarriere in Sicht. Er stürmte in der 65. Minute nach vorn – fiel hin, verdrehte sich schmerzvoll das Knie, und was folgte, war ein Desaster. Das Spiel stoppte, die Sanitäter trugen ihn vom Platz und weiter zu einem Sportmediziner. Der stellte die Diagnose: Bänder gerissen und das Aus der angedachten Karriere. »Das Knie wird wohl nie wieder voll belastungsfähig sein. Damit musst du leben. Aber, Junge, es gibt Schlimmeres. Du bist jung, für dich gibt es noch Alternativen.«

Was wie ein Trost klingen sollte, löste in Alessandros Gehirn eine Katastrophenstimmung aus, von der er sich lange nicht erholte. Später sollte er erfahren, dass ein körperlicher und ein seelischer Schmerz dieselben Muster aufweisen. Damals wusste er das noch nicht und die tröstenden Worte der anderen: »Die Hauptsache, du wirst wieder gesund«, nahm er nicht an. Geplatzte Träume hinterlassen Narben, und wenn sie mit einem Talent gefüllt waren, dann ist das so, als würde jemand in ein tiefes, dunkles Loch stürzen. Lange redete Alessandro sich ein, kein anderes Talent als das Fußballspielen in sich zu tragen. Er hatte keinen Plan von seiner Zukunft. Irgendwann aber gab er dem Drängen seiner Mutter nach, sich um einen Ausbildungsplatz zu bemühen, und er nahm sogar ihren Vorschlag an, es als Banker zu versuchen. Halbherzig bewarb er sich – und erhielt den Ausbildungsplatz. Während Familie und Freunde nach italienischer Art jubelten, weil sie endlich wieder einen Lichtstreif an seinem Horizont entdeckten, blieb Alessandro in seiner Traurigkeit kleben. Die Ausbildung absolvierte er ohne Herzblut, bestand sie nach drei Jahren und wusste, er würde in diesem Beruf nicht glücklich werden. Oft dachte er noch an die schicksalhaft verhinderte Fußballerkarriere, und wenn er tagträumte, dann sah er sich in seinem Trikot in Blau-Weiß und mit verschwitzten Haaren und dem Ehrgeiz auf das nächste Tor im Gesicht. Aber die Zeit hat nun einmal die Angewohnheit, vor Träumen nicht Halt zu machen. Sie fließt durch sie hindurch und nimmt irgendwann auch die zerplatzen Träume mit.

Alessandro ließ sich also ein auf sein neues Leben als Banker, nun in einem internationalen Konzern. In modischen Klamotten und aufgesetztem Lächeln ging er morgens ins Büro, um Zahlenkolonnen zu bearbeiten, Kredite zu bewilligen. Und irgendwann fiel ihm auf, dass er die Kommunikation mit den Kunden mochte. Er schulte dabei seine Menschenkenntnis, sah in ihren Gesichtern die Emotionen, lange bevor Kollegen sie entdeckten. Er war verwundert über seine Empathie, und ganz allmählich kristallisierte sich ein weiteres, ein bislang unentdecktes Talent heraus: seine Kreativität, wenn es darum ging, Lösungen zu finden.

Dieses Talent blieb auch seinen Vorgesetzten nicht verborgen und sie schlugen ihn für ein Führungskräfte-Aufbauprogramm vor. Er blühte wieder auf, weil er ahnte, dass Menschen durchaus zwei oder mehr Talente haben. »Manchmal«, so dachte er sich »muss man nur tiefer graben und beharrlich sein.« Er erinnerte sich plötzlich daran, was ihn zu einem guten Fußballspieler gemacht hatte: nämlich seine überraschenden Angriffe aufs Tor, das faire Zusammenspiel mit der Mannschaft, die Lust zu gewinnen. Das übertrug er auf seinen neuen Job und war damit wieder auf

Tuchfühlung mit seinem inneren Helden. In Verhandlungen, in Change-Prozessen und selbst während der Strategiepräsentation vor Publikum aktivierte er seine Fähigkeiten und dehnte sie stetig aus. Er wagte sich weiter vor, wissend um seinen sportlichen Antreiber. Er braucht den Kick, der mit Sieg oder Niederlage einhergeht. Heute ist Alessandro Vortragsredner, hat sich gänzlich gelöst vom Komfort im Konzern. Rückblickend sagt er: »Der zerplatzte Traum vom Fußballprofi hatte trotz starker Schmerzen einen Sinn.«

Warum wir Ihnen das erzählen? Zu jeder Zeit und besonders in der Lebensmitte können Ihre Träume platzen. Das ist traurig, aber das ist keine Katastrophe! Sagen Sie sich: »Da ist noch mehr in mir. Mehr Potenzial, mehr Ehrgeiz, mehr Gefühl.« Und dann schöpfen Sie aus dem, was Sie bis zu diesem Tag geleistet haben. Gehen Sie auf Ihrer Zeitlinie zurück und sammeln Sie Ihre Emotionen, die Sie stark gemacht haben. Dazu bieten wir Ihnen die Coachingmethode »Ressourcen-Timeline« an.

> **Vergangenheit! Danke für die Lehre. Zukunft! Ich bin bereit.**

Die Ressourcen-Timeline dient dazu, die außergewöhnlichen Momente in Ihrem Leben für eine Weile wieder aufleben zu lassen. Damit meinen wir die glücklichen und die traurigen Ereignisse. Vielleicht haben Sie in der Vergangenheit einen Schicksalsschlag erlitten, Trauer erfahren. Auch das gehört zum Leben. Auch das hat Sie stark gemacht, ebenso wie Ihre Erfolge. Wir wollen das gesamte Programm Ihrer Emotionen erfahren, damit Sie sehen: Sie können die Farben des Lebens annehmen, Sie tragen die Ressourcen in sich.

Fangen wir an. Gehen Sie gedanklich zurück in Ihre Kindheit:
- Was war ein herausragendes Ereignis?
- Schreiben Sie es auf eine Karte und legen Sie diese Karte auf den Boden.
- Stellen Sie sich daneben und fragen Sie sich: Wie hat dieses Ereignis mich geprägt? Was waren meine Fähigkeiten, um daran zu wachsen?

War es Wissbegierde, Durchhaltevermögen, Stolz, Beziehungsfähigkeit, Neugierde, Kreativität?

Gehen Sie weiter durch Ihr Leben:
- Welche weiteren Ereignisse gab es?
- Wie haben diese Sie geprägt?

Wenn Sie zum Beispiel eine Karte »Jobverlust« auf den Boden legen, dann werden die Emotionen von damals wieder auftauchen. Sie werden sich traurig fühlen. Sammeln Sie Emotionen auf. Erkennen Sie, dass Sie loslassen können.
- Reihen Sie in dieser Art Ihre Erinnerungen von damals bis heute aneinander.
- Sehen Sie sich am Ende Ihre Linie an und überlegen Sie: An welchen Punkten in Ihrem Leben waren Sie herausragend gut und mit welchen Fähigkeiten haben Sie auch schwierige Situationen gemeistert?
- Machen Sie sich bewusst, welche Fähigkeiten sich wie ein roter Faden durch Ihre Persönlichkeit ziehen. Schreiben Sie sie auf eine letzte Karte.
- Kleben Sie diese Karte auf Ihren Spiegel im Badezimmer, damit Sie sich täglich beim Zähneputzen an Ihre besonderen Fähigkeiten erinnern.

→ Der Tipp aus unserer Dolce-Vita-Strategie

Suchen Sie sich Herausforderungen, die zu Ihren Fähigkeiten passen. Gehen Sie aus der Schonhaltung heraus, indem Sie Ihrem inneren Helden zulächeln: »Auf zu neuen Abenteuern!«

Helden brauchen Freiheit

In zahlreichen Märchen, Sagen und Theatern sterben die Helden. Sie werden gefangen, vergiftet, für ihren Mut bestraft. Das gefällt uns gar nicht und deshalb ziehen wir die *opera buffa* – die komische Oper – vor. Dort sind die Helden das, was sie sein sollten: Gewinner. Sie haben mit Charme und Humor viel riskiert und noch mehr gewonnen. Solche Helden, wie der Barbier von Sevilla, die lieben wir! Un po' melodramma, un po' scherzoso. Rossinis Barbier ist nicht nur Handwerker, sondern auch Lebensberater und Abenteurer. Er ist stolz auf seinen Einfallsreichtum, um dem jungen Adeligen zur Angebeteten zu verhelfen.

Der Barbier bezeichnet sich selbst als »factotum della città« als wacher, helfender Geist für sich und andere, überhaupt für die gesamte Stadt. Auch diese Haltung bedeutet für uns, aus der Komfortzone hinauszutreten und die Augen offen zu halten für das, was um uns herum geschieht, und zu überlegen, wie wir einen Beitrag zur Gesellschaft leisten können. Und mit diesem Gedanken kommen wir noch einmal zurück auf die Mammonis, die ihr Zuhause viel zu lange als Zuflucht- und Schutzort umfunktionieren. Wenn wir den Politikern in Italien einen Rat geben dürften, dann würden wir vorschlagen, eine Kampagne auf die Freiheit zu starten. Wir würden versuchen, die Männer um die 40, die noch immer die Schuhe unter die Tische der Mütter stellen, zu lehren, wie viel Spaß es macht, die Spaghetti selbst zu kochen. Wir würden Ihnen zeigen, wie sauerstoffreich die Luft wird, sobald sie mit Ideen einer wundervollen Zukunft angereichert wird. Wir würden jede Karriere zu einer *opera buffa* umschreiben und dem Helden Applaus spenden. Wir würden an jedem Arbeitsplatz die Routinegrenzen herunterreißen und zu Schatzsuchern von besonderen Fähigkeiten werden. Unser Tipp am Ende dieser Kampagne:

→ Machen Sie jeden Tag etwas, das neu für Sie ist.

Trauen Sie sich zu, Ihrem Chef zu widersprechen, wenn Sie nicht seiner Meinung sind. Trauen Sie sich, Ihrem Kollegen ein Nein entgegenzuhalten, wenn er Sie um einen Gefallen bittet, den Sie nicht erledigen wollen. Trauen Sie sich, ein Meeting zu leiten, ein Abendessen für zehn Gäste zu kochen, den nächsten Karriereschritt anzustreben, eine Bilanz im Leben zu ziehen.

Wir haben Verständnis, wenn Sie zunächst zögern, aber bitten Sie, sich dennoch auf dieses unbekannte Terrain vorzuwagen. Winken Sie Ihrer Familie und Ihren Freunden zu, bedanken Sie sich, dass diese Menschen notfalls für Sie da sein werden, aber dann gehen Sie Ihren Weg im tiefen Glauben an das Gelingen allein weiter. Sie werden nicht dauerhaft scheitern. Es ist nämlich unwahrscheinlich, dass ein Buchhalter sich für den Vertrieb bewirbt, wenn er die Kommunikation mit Menschen scheut. Es ist ebenso unwahrscheinlich, dass einer, der seine Begabung im analytischen Bereich aufweist, sich als Sales Manager bewerben wird. Er wird lieber im Einzelbüro tüfteln, als mit Kunden verhandeln. Dort wo Ihre Fähigkeiten sind, dort wird Ihre Intuition Sie voranbringen, dort werden Sie Freude und Erfolg vermuten.

Genau in diesem Moment werden Nervenzellen in Ihrem Gehirn sich verknüpfen und Ihrem Potenzial weitere Facetten hinzufügen. Italiener sind übrigens Meister, wenn es um Neuanfänge geht. Sie halten die Ängste einfach klein, und dazu wählen sie eine wirkungsvolle Waffe: Humor. Sie lachen über sich selbst, wenn der Start auf neuen Wegen holprig verläuft, und auch wenn sie stolpern, drehen sie nicht um. Denn nach allen Regeln der Lebenserfahrung würde sowieso das Stammhirn brüllen, wenn das Leben bedroht wäre. Solange das aber schweigt, dürfen Sie gewiss sein: Alles ist gut, Sie dürfen weitergehen!

MUT zum ANDERS SEIN

Kapitel 4
Manche Türme sind schief

Aus Fehlern lernen

Eines der beliebten Managementwerkzeuge ist das Meeting. Dann sitzen Vorgesetzte und Mitarbeiter an einem Tisch und vor ihnen türmen sich Wissen und Eigensinn der Einzelnen auf. Das Team betrachtet den Berg und wundert sich über die Vielfalt an Ideen. Freuen Sie sich, denn das ist ein wahrer Schatz im Unternehmen, und Sie sollten nicht müde werden, ihn für Ihre Unternehmenszwecke zu formen. Aus unserer Sicht liegt hier der Knackpunkt für Erfolg: Führungskräfte, die diese Vielfalt unterstützen, die in dem Berg der Ideen nach Goldstücken graben, die werden fündig. Die sehen überraschende Lösungen für Probleme und Strategieansätze für die Zukunft, weil sie sich von der Perfektion verabschieden.

Es gibt keinen perfekten Weg, um Leistung zu steigern und Ziele zu erreichen, und es gibt gewiss keine Blaupause für Erfolg. Was in dem einen Team wirkt, kann im nächsten zum Desaster führen. Weil die Temperamente und Emotionen der Mitarbeiter differieren, weil Menschen nicht in einem einzigen Takt ticken. Wo der eine nickt, äußert der andere Unverständnis, wo der eine in einen Flow gerät, wird der andere gähnen oder gar innerlich kündigen. Das ist eine Sache der Gene und darüber hinaus der Kultur und der Umwelt, in der Menschen aufwachsen. Deshalb sehen wir ein Meeting als Kreativitätsrunde an, und das bedeutet konkret: Die Atmosphäre ist warm und herzlich und das Ziel der Runde nicht unumstößlich vordefiniert.

Aber leider sieht die Realität anders aus. Da sitzen Chef und Team zusammen. Ersterer spricht und Letztere schweigen. Der Chef hat längst ein Konzept entworfen. An diesem hält er fest und lässt keine Änderung zu. Wir finden diese Haltung heutzutage überholt. Mag früher noch der Patriarch einen Anspruch auf diskussionsfreie Gefolgschaft gehegt haben, so ist in der heutigen komplexen Zeit längst klar: Wer Erfolg genießen will, braucht einen weiten Raum für das Know-how und die Kreativität der Mitarbeiter. Niemand kann mehr die Herausforderung des Marktes allein begreifen und niemand wird je ein perfektes Konzept aus der Tasche ziehen.

Fehler zuzulassen, sie sogar zu feiern, das ist ein Teil der Dolce-Vita-Strategie. Sie soll die Steilfalte, gezogen aus Sorgen und Zweifeln, auf der Managerstirn wieder glätten. Deshalb antworten wir auf die überholte Frage »Wie können wir Fehler vermeiden?« nur schulterzuckend mit zwei Worten: »Gar nicht.«

Fehler entstehen, wenn Sie handeln, wenn Sie Neuland betreten. Fehler sind unumgänglich, um zu wachsen. Wer sie verhindert, der stellt sich selbst ein Bein, weil er irgendwann seinem Zweifel zu viel Macht gibt und seinen Agitationsradius einschränkt. Lösen Sie sich von dem Gedanken, Sie und Ihr Team müssten perfekt sein. Begrüßen Sie Fehler wie Meilensteine gleichermaßen mit Freude. Die einen reflektieren Sie, die anderen begießen Sie mit Champagner. Beides zusammen gehört zu Ihrer unternehmerischen Persönlichkeit wie der Schrifttyp auf Ihrem Briefbogen.

Gewissenhaft ist nicht perfekt

Wo Italiener mit einem Prosecco auf einen Zwischenerfolg anstoßen, da diskutieren in deutschen Unternehmen die Verantwortlichen über die Fragen: »Warum waren wir nicht besser, schneller, höher als die Konkurrenz? Wo haben wir einen Fehler gemacht? Wann haben wir ein Detail übersehen?« Diese Fragen sind Emotionskiller. Sie hinterlassen Spuren im Gehirn, weil sie den Mitarbeitern suggerieren: »Du bist nicht gut genug. Du hast nicht zu einhundert Prozent erfüllt, was wir von dir erwarten.« Schon ist der Mangelblick installiert, und die Freude über den Erfolg schmilzt wie Schnee in der Sonne. Deshalb bitten wir Sie zumindest für die Dauer dieses Kapitels das Wort *Perfektionismus* aus Ihrem Wortschatz zu streichen. Ersetzen Sie es durch *Gewissenhaftigkeit*, um Ihre Ansprüche auf ein erträglicheres Maß zurückzudrehen.

Gewissenhaftigkeit ist eine wunderbare Gabe, die Menschen befähigt, Wissenschaft, Forschung und jegliche Art von Entwicklung voranzubringen. Häufig sind Ingenieure, Mediziner, Piloten damit gesegnet, und wir können sicher sein, dass sie alles zur Fehlervermeidung beitragen. Wir wünschen jeder Führungskraft und jedem Mitarbeiter ein Stück von dieser Gabe. Aber: Wenn sich diese Gewissenhaftigkeit ins Zwanghafte steigert, wenn sie begleitet wird von kreisenden Gedanken, endlosen Sorgen, wenn der Selbstzweifel das Denken zermürbt, dann reden wir von jenem Perfektionismus, den die meisten Menschen wohl niemals erreichen werden. Eine Führungskraft, die das von sich und ihrem Team verlangt, wird über kurz oder lang ängstlich, traurig oder in der Stressfalle landen. Sie wird an Körper und Geist schwächeln, weil sie nicht erfüllbare Ziele definiert und aufs Team überträgt, bis es atemlos wird. Sie wird ihren Mangelblick trainieren und zu Ungerechtigkeiten neigen, weil sie nicht erkennt, dass auch Offenheit, Extrovertiertheit, Neurotizismus und Verlässlichkeit bedeutsame Gaben für Leistung sind. Um wie viel weicher wird der Blick, wenn er erkennt, welche Talente und Fähigkeiten einen jeden Mitarbeiter auszeichnen!

Nur lernen wir bereits in der Schule, dass Charaktermerkmale weniger zählen als Noten.

Fünf, setzen!

Jeder gesunde Mensch trägt zumindest einen Teil Gewissenhaftigkeit in sich. Er mag Rituale, Struktur; das gibt seinem Tag eine Verlässlichkeit. Er strebt nach bester Leistung, zu der er aufgrund seiner Fähigkeiten imstande ist. Das sehen Lehrer leider anders. Sie erfüllen die politisch initiierten Rahmenpläne, tragen Noten in Listen, vergeben einen Tadel für des Schülers Ideen jenseits der Vorgaben. Bei der Note Eins loben sie: »Prima, beste Leistung, ich bin stolz auf dich.« Bei schlechter Note ziehen sich ihre Mundwinkel nach unten: »Fünf! Setzen.« Kein weiterer Kommentar. Die Leistung des Kindes entspricht nicht den Standards, und seine Aufgabe wird es sein, demnächst die Wissenslücken zu schließen, auch wenn es Mathematik nicht mag und stattdessen in Sport eine Schulikone ist.

Solche Szenen spielen sich weltweit ab, selbst Italien bildet keine Ausnahme. Es wird getestet, bewertet; es wird gelobt, was in ein Raster passt. Nur trösten in Italien die Eltern und Geschwister das verunsicherte Kind. Dort streichelt man die kleine Seele durch Mitgefühl, bis das Kind denkt: »Eine Fünf geschrieben, na und? Dafür kann ich Figuren aus Holz schnitzen und laufe 100 Meter in 10,5 Sekunden.« In Deutschland hingegen gilt der Grundsatz, sich als Eltern enttäuscht zu zeigen, Nachhilfe zu organisieren und das Lauftraining bis auf Weiteres zu verbieten. Damit trainiert das Kind seine Schwäche und vernachlässigt seine Stärke!

Was medienträchtig von der OECD im Jahr 2000 als PISA-Studie in Schulen etabliert wurde, um einen internationalen Leistungsvergleich zu erreichen, das ist für Schüler ein Dilemma und für Lehrer ist es ein Fokussieren auf Pläne. Sie haben keine Zeit und keinen Freiraum mehr, das zu erfassen, was in der Schülerpersönlichkeit wirklich zählt: die außergewöhnlichen, sehr besonderen Gaben, die angeboren sind und nach Förderung lechzen, um sich zu entfalten. In diesem Rhythmus geht es weiter durch die Ausbildung, an der Universität, an Meetingtischen in Unternehmen, und immer schwingt der Glaubenssatz mit: »Ich bin nicht perfekt, wenn ich die Standards nicht erfülle.«

Das Spektrum der Emotionen

Wir wollen an dieser Stelle einen Denkanstoß geben: Würde jeder Schüler die gleichen Noten schreiben, würde jeder Mitarbeiter die gleichen Aufgaben lieben und jeder Unternehmer die gleiche Strategie verfolgen, wären die Menschen wie Roboter und die Unternehmen ohne ein Alleinstellungsmerkmal. Alles wäre vorhersehbar, keine Überraschung mehr möglich, kein Gefühl mehr spürbar, Image wäre überflüssig. Es gäbe kein Staunen mehr.

Und – Hand aufs Herz – wollten Sie das? Würden Sie sich nicht selbst um die Überraschungsmomente im Leben bringen? Sind es nicht die Unebenheiten im Alltag, die Ihnen im Gedächtnis bleiben? Sind es nicht die sublimen Verschiebungen jenseits des Mittelmaßes, die unsere Aufmerksamkeit triggern?

Stimmungen, die uns zeigen, dass wir Dinge bereuen, sind wie Richtungsweiser zum Erfolg – sie zwingen uns zu einem kurzen Stopp auf dem Karriereweg und zu einer emotionalen Interpretation der Geschehnisse. Nicht immer ist ein »Weiter so!« angebracht. Besser ist es, von Zeit zu Zeit den Zweifel zuzulassen und sich zu fragen, ob das, was Sie tun, zu Ihrem Temperament und zu Ihrem Talent passt oder ob Sie einzig nach Richtlinien handeln, die andere von Ihnen erwarten.

Mit unserem Rat: Lassen Sie Weinen und Lachen gleichermaßen zu, beides gehört zum Spektrum Ihrer Emotionen – erreichen Sie mehr Leichtigkeit. Sie erlauben sich, authentisch zu sein.

Diverse Studien bestätigen zwar, dass Weinen im Job gegen den sogenannten guten Ton verstößt, aber wir sehen das anders. Wenn Sie wirklich eine Entscheidung bereuen, wirklich ein Leid erfahren, dann wäre es ungesund, die daraus resultierende Emotion wie Traurigkeit oder Fassungslosigkeit zu unterdrücken. Gleiches gilt übrigens für Ihre Mitarbeiter. Zwar weinen Frauen rund 60-mal häufiger als Männer, aber die Gründe für die Tränen während eines Meetings oder Vieraugengesprächs sind für beide im Job ähnlich:

Tränen rollen aus Überforderung oder aus der Hilflosigkeit, Aufgaben erfüllen zu sollen, die den eigenen Fähigkeiten nicht entsprechen. Erinnern Sie sich an die Zufriedenheitsformel, die wir mehrfach nannten: »Tue, was du liebst, und liebe, was du tust.« Und diese Formel ist unabdingbar mit dem Erkennen des Talents verknüpft. Sobald Sie oder Ihre Mitarbeiter Aufgaben meistern, für die das Herz schlägt, sind Tränen nahezu überflüssig – es sei denn, es sind Freudentränen.

Wenn Sie uns an dieser Stelle fragen, wie Sie ein Talent identifizieren, dann raten wir Ihnen: Sehen Sie Ihren Mitarbeitern ins Gesicht. Sobald die Aufgabe passt, wird der Hautwiderstand weich, die Augen glänzen, die Haltung entspannt sich. Der Mitarbeiter fließt mit den Aufgaben dahin und die Zeit scheint sich aufzulösen, die Uhr spielt keine Rolle mehr. Würde eine Kollegin ihm in diesen Augenblicken tief in die Augen sehen, dann würde sie ein Leuchten sehen, das ansonsten nur Verliebte zeigen. Das hängt mit dem Dopaminschub zusammen, der sich freisetzt und jede Pore durchdringt. Deshalb lautet unser Dolce-Vita-Rat:

→ Werden Sie zum stillen Beobachter Ihrer Mitarbeiter! Finden Sie heraus, wann die Emotionen am Schreibtisch wirbeln.

Top-Performer kennen die Persönlichkeitsstruktur Ihrer Mitarbeiter. Sie haben die Souveränität, Aufgaben nach den Vorlieben der Mitarbeiter zu verteilen, auch wenn das einem Stellenprofil zuwiderläuft, weil sie wissen: Wer entsprechend seiner Fähigkeiten arbeitet, der wird am Ende sowieso die für ihn perfekte Leistung bringen. Wohlgemerkt: am Ende des Weges, nicht als Startschuss. Perfektion ist immer die Summe der Einsichten, eine Reflexion über die vergangene Zeit und das Feinschleifen der Fähigkeiten über Jahre hinweg.

Vom Kopfwäscher zum Unternehmer

Betrachten wir die Karrieren von herausragend leistungsstarken Menschen, dann erkennen wir, dass ihre Lebensläufe brüchig sind. Sie sind gestolpert und aufgestanden, sie haben sich den Widrigkeiten zum Trotz an ihr Talent geklammert. An irgendeiner Stelle sind sie stehen geblieben und haben sich gefragt: »Ist es wirklich mein Weg? Oder erwarte ich mehr vom Leben?«

Die Antworten können traurig stimmen, weil wir merken, dass Wirklichkeit und Wunsch nicht zusammenpassen. Was bleibt, ist ein Kurswechsel und das Risiko, vielleicht einen vorübergehenden Karriereknick zu erleben, vielleicht das Statusauto durch einen Kleinwagen zu ersetzen, das Haus zu verkaufen und in eine Dreizimmerwohnung zu ziehen, vielleicht sich abends ein Spiegelei statt Steak in der Pfanne braten. Das alles ist nicht schön, denn es bedeutet Verzicht. Kurzfristig.

Langfristig werden Sie sich selbst näherkommen, Sie werden sich in ein neues, weites Meer aus Möglichkeiten wagen, um das hervorzuholen, was Sie einzigartig macht. Sie werden Ihre neuen Aufgaben lieben.

Das sagte sich auch Sergio Valente, einst Buchhalter, heute der Starfriseur in Italien. Er arbeitet in der Via del Babuino, in der Nähe der Spanischen Treppe, und wir haben ihn besucht, um ihn nach seiner Erfolgsformel zu fragen. Er stand vor uns, ein Mann von rund 70 Jahren, die Hose nach italienischer Manier einen Tick zu lang. Er strahlte mit Mund und Augen und gab uns das Gefühl, seine liebsten Gäste zu sein. Loredana bedachte er mit einem Augenzwinkern und einem sanften Griff in die Haare, als wollte er sagen: »Ich liebe italienische Frauen für ihre Haare, dicht, dunkel und meist gelockt.« Der kleine Flirt tat uns gut, nahm uns die Befürchtung, wir könnten ohne Termin ungelegen kommen. Dann verriet er uns seine Erfolgsformel: »Ich habe mir selbst in traurigen und schwierigen Zeiten die Leidenschaft bewahrt.«

Er sollte BWL studieren. Basta. Das befand der Vater und der Sohn beugte sich dem Befehl. Nur empfand er keine Leidenschaft, als er acht Stunden täglich auf Zahlenkolonnen sah. Überhaupt vermisste er die Gespräche mit Kollegen und Kunden, und wäre er länger in seinem Einzelbüro sitzen geblieben, er wäre vermutlich traurig geworden, denn sein Persönlichkeitsmuster hat einen hohen Anteil an Offenheit und Extraversion.

Zum Glück drängten diese vorrangigen Charaktermerkmale zunehmend heftiger an die Oberfläche und lösten ein Handeln aus: Sergio bewarb sich während der Olympischen Spiele in Rom als Kopfwäscher für die Athleten, als Handlanger eines Friseurs. Der Vater tat das als jugendliche Episode ab, aber für Sergio sollte es mehr werden. Denn seine Leidenschaft für Haare brach durch, und er tat, was für einen Italiener aus gutem Hause Ende der 1950er-Jahre eine Absurdität war: Er widersprach den Karriereentwürfen seines Vaters und kündigte den Job als Buchhalter, um Friseur zu werden. Mit der Faszination für diesen Beruf kam der Erfolg. Kein Geringerer als Federico Fellini engagierte ihn ans Set zum Film »Dolce Vita«. Es sollte ihm Weltruhm bringen.

Bis heute ist Sergio Valente ein Vorzeigeunternehmer in Italien. Wenn er sagt: »Ich hatte das natürliche Talent, die Stärken in Menschen zu erkennen und diese Veränderung optisch umzusetzen«, dann schwingt dabei die Wertschätzung für seine Kunden mit. Er ist ein Beobachter, ein Kenner von Persönlichkeitsmustern. Er versteht es, den Spiegel der Seele zu begreifen. Das ist sein Talent. Die Fertigkeit ist sein geschickter, trainierter Umgang mit Kamm und Schere. Wie gesagt: Perfektionismus steht am Ende eines Projekts oder gar einer Karriere, am Anfang steht immer die Leidenschaft.

Kein Platz für Neid

»Am Anfang steht die Leidenschaft.« – Nehmen wir diese Einsicht gedanklich mit ins nächste Meeting, dann wird sonnenklar, warum diktierte, plattgebügelte Strategien so oft in eine Sackgasse führen. Wir wiederholen es gern: Weil solche Strategien die Talente und Fähigkeiten der Mitarbeiter nicht berücksichtigen und die Leidenschaft unterdrücken. Davon handeln zahlreiche Studien, allen voran die Berichte des Gallup-Instituts. Mit gebetsmühlenartiger Geduld verkünden deren Autoren, dass Führungskräfte die individuellen Fähigkeiten ihrer Mitarbeiter berücksichtigen sollen, um nicht unterhalb des unternehmerischen Potenzials zu bleiben. Das ist leider noch nicht in allen Führungsetagen angekommen. Nach Recherche des Gallup-Instituts haben lediglich 20 Prozent der Mitarbeiter in weltweiten Unternehmen das Gefühl, gemäß ihren Fähigkeiten handeln zu dürfen. Marcus Buckingham, Berater des Instituts, stellt fest, dass »die meisten Unternehmen bestürzend wenig Kapital aus den Stärken ihrer Mitarbeiter schlagen«. Zu dieser Erkenntnis kommt das Institut, da es »1,7 Millionen Mitarbeiter in 101 Unternehmen aus 63 Ländern« fragte, ob sie das täten, was sie am besten könnten (2014, S. 17).

Die geringe Zahl der zufriedenen Mitarbeiter hat uns aufgeschreckt. Und wir möchten deshalb an Sie als Führungskraft appellieren, die persönlichen Muster Ihrer Mitarbeiter zu erkennen und wertzuschätzen. In diesem Moment werden Ihre Mitarbeiter aufblühen. Sie werden gemeinsam mit Ihnen das Unternehmen nach vorn bringen, und zwar nicht, um perfekt zu sein, sondern um ihrer Persönlichkeit einen Ausdruck zu geben. Dieser Ansatz bedarf keines Managementhandbuchs. Er bedarf lediglich einer probaten Menschenkenntnis nach den Big Five. Damit verschiebt sich das Licht im Team. Es leuchtet dorthin, wo die Gaben der Einzelnen liegen. Es bleibt kein Platz für Missgunst oder Neid. Der gemeinsame Erfolg rückt ins Zentrum, getragen von Kreativität.

Die Walt-Disney-Methode für den Kreativitätsschub

Kreativ zu sein bedeutet, out of the box zu denken. Diese Ansicht vertrat auch Walt Disney. Als Mensch mit einem Muster an Offenheit war er ein Ideenfinder par excellence und wusste doch um die Wichtigkeit, diese Ideen am Ende auf ein vertretbares unternehmerisches Maß zurechtzurücken. Er fand, dass eine Idee mehrere Phasen durchlaufen sollte, um zum einen den fantastischen Charakter zu wahren und zum anderen die Plausibilität zu untermalen.

Wir haben seine Methode für Teams leicht verändert und möchten sie Ihnen nachfolgend vorstellen, um Schwung in Ihre Meetings zu bringen und um das Potenzial Ihrer Mitarbeiter zu nutzen.

- Bestimmen Sie vier Räume in Ihrem Unternehmen und bezeichnen Sie diese Räume mit:
  - ❶ für Träumer
  - ❷ für Realisten
  - ❸ für Kritiker
  - ❹ für Neutrale
- Geben Sie Ihrem Team eine Aufgabe, zum Beispiel: »Wie kann es uns gelingen, bis zum Ende des Jahres die Berichterstattung über unser Unternehmen in den Medien zu verdreifachen?«
- Bitten Sie Ihr Team, sich jeweils 15 Minuten in den einzelnen Räumen dazu Gedanken zu machen.

Im **ersten Raum »für Träumer«** ist alles möglich. Je kreativer und überraschender die Antworten sind, desto besser. Zeit, Geld, Expertise spielen keine Rolle, nur die Fantasie zählt. Das Team schreibt alles mit und inspiriert sich gegenseitig. Kritik ist verboten! Das »Ja, aber ...« wird durch ein »Und dann ...« ersetzt.

Im **zweiten Raum »für Realisten«** stampft Ihr Team die Fantasie wieder auf das Machbare zurück. Die Ideen werden auf Plausibilität, Kosten, Aufwand und Wirkung geprüft. Einige Ideen fallen durch das Raster, andere erhalten eine Kontur.

Im **dritten Raum »für Kritiker«** wechselt das Team die Perspektive. Es versucht zu erkennen, wo die Hindernisse bei der Umsetzung einer Idee liegen könnten. Es prüft, ob die Idee mit der Corporate Identity zusammenpasst und wie der Markt reagieren könnte.

Im **vierten Raum »für Neutrale«** begibt sich das Team ins Zentrum der übrig gebliebenen Ideen. Es schlägt nun eine sachliche Tonart an:
- Sind die Voraussetzungen erfüllt?
- Sind die Rahmendaten realistisch?
- Benötigen wir weitere Expertisen?
- Ist der Zeitplan umsetzbar?
- Reicht das Budget?
- Haben wir die Manpower?
- Wie definieren wir Ziel und Maßnahme?
- Wer übernimmt welche Aufgaben?

Sinn dieser Übung ist, zum einen das gegenseitige Verständnis für die Fähigkeiten der Einzelnen zu schulen und sich zum anderen für eine begrenzte Zeit von einem Konzept zu entfernen, um den Ideenreichtum der Mitarbeiter für die unternehmerischen Ziele einzusetzen. Es ist wie eine Dusche aus Stärken, die diese Methode rieseln lässt. Kaum ein externer Berater könnte diese Kaskaden auslösen, weil er nicht täglich mit den Aufgaben verwoben ist.

→ **Dolce-Vita-Tipp:** Werden Sie zum Gönner im Team! Freuen Sie sich über die Ideen der anderen. Nicken, loben, lachen Sie im ersten Raum. Lassen Sie im zweiten und dritten Raum den Rotstift draußen. Versuchen Sie, die Essenz der Ideen zu wahren. Was immer umsetzbar sein wird, es entstammt einer Fantasiereise im Team und verdient ein Lob.

Das Faktische der Schönheit

Von einem Migrationshintergrund geprägt, haben wir früh gelernt, dass Menschen und Mentalitäten ein Nord-Süd-Gefälle aufweisen: Je weiter nördlich wir uns bewegen, desto mehr rückt der Perfektionismus in den Fokus der Unternehmen. Es beeindruckt uns, wenn die Corporate Identity durchgestylt ist bis hin zum Verhalten. Da werden Worte vorgeschrieben, die die Mitarbeiter zur Kundenbegrüßung am Telefon aufsagen, es werden Bausteinsätze definiert, wie Briefzeilen beginnen und enden sollen. Für Italiener hört genau an dieser Stelle die Liebe zum Detail auf. Selbst wenn Leitsätze, Qualität und Design feststehende Größen in einem Unternehmen sein müssen, so darf das Streben nach dem Gleichmaß nicht zu groß werden, denn zu viel Corporate hält keinen Raum für individuelle Ideen der Mitarbeiter frei.

Deshalb plädieren wir an dieser Stelle dafür: Ja, schaffen Sie einen Corporate-Rahmen, indem Sie Folgendes definieren:
o Ihr Selbstverständnis und die Antwort auf die Frage: Was ist unsere Kernkompetenz und wie können wir dazu einen Beitrag für Mensch und Umwelt leisten?
o Ihr Alleinstellungsmerkmal und die Antwort auf die Frage: Wie können wir unsere Leistung in Schrift und Bild sowie einer ganzheitlichen Kommunikation verlässlich auf allen Ebenen darstellen und einen Wiedererkennungswert erzielen?
o Ihre Philosophie und die Antwort auf die Frage: Welche Werte leiten unser Handeln?
o Ihre unternehmerische Persönlichkeit und die Antwort auf die Frage: Welche Fähigkeiten und welches Know-how bringen die Mitarbeiter ein, und wie färben ihr Charakter und ihr Engagement auf den Unternehmenserfolg ab?

Das sind aus unserer Sicht die Eckpunkte eines Corporate-Rahmens. Dazwischen dürfen die Mitarbeiter Fehler machen, aus Fehlern lernen und damit den Erfolgsbogen weiter aufspannen. Mit dieser Freiheit kann es sein, dass der Markt über Ihr Unternehmen staunt, weil Unverhofftes passiert.

Fehler von Weltruhm

Wenn wir behaupten, dass zu viel Corporate die unternehmerische Kreativität unterdrückt, dann mögen viele Agenturen widersprechen. Das verstehen wir, denn es ist ihre Aufgabe, Leitsätze in Gold zu rahmen und eine Bildsprache zu entwickeln. Dennoch bleiben wir bei unserer Bitte an Sie als Führungskräfte und diejenigen, die sie coachen und beraten: Lassen Sie die Mitarbeiter zu Baumeistern werden – und nicht externe Auftragnehmer. Was nutzen sterile Sätze aus der Feder von Agenturen, wenn diese nicht in die Zellen der Mitarbeiter sickern? Nichts. Denn diese Sätze bleiben leblose Plattitüden. Um wie viel anregender ist es, gemeinsam die passenden Worte zu finden, auf deren Grundlage sich das unternehmerische Handeln erhebt! In den Phasen des Ausprobierens, des Gestaltens kann Überraschendes passieren, und im besten Fall sind es Fehler. Das lehrt uns übrigens die Kunst.

Wir denken vor allem an italienische Kunstwerke, die nur entstanden sind, weil zuerst die Leidenschaft den Künstler trieb und die Angst vor Fehlern ausgehalten wurde. Davon zeugen Mosaike in Marmor, Gold, verziert mit Smaragden und Rubinen in frühchristlichen Basiliken; Fresken, Malerei, Bildhauerei durch die Epochen von Romanik, Gotik, Renaissance, Barock bis in die Moderne. Künstler, die den Erfolg nicht einkalkulieren, sondern einen Zauber sprühen lassen, einzig weil die Kreativität ihn erzeugt, die schaffen Wunderbares. Fernab von gültigen Standards erlauben sie sich, Hergebrachtes zu durchbrechen, neue Denk- und Schaffensräume zu finden. Sie schauen über den eigenen Wissenshorizont hin zu anderen Disziplinen, adaptieren, was für ihren Bereich günstig erscheint. Michelangelo würde niemals zu den bedeutsamsten Künstlern der Renaissance zählen, wäre er nicht Bildhauer und Maler gleichermaßen gewesen, hätte er sich nicht geöffnet für ein weites Spektrum der Kunst. Er ließ sich zudem von der Dichtkunst inspirieren und fasste darüber hinaus seinen Eigensinn als Geschenk auf, was ihm Kritiker seiner Zeit als Arroganz auslegten. Für uns war er eine authentische Persönlichkeit, ein feinsinniger Denker und fokussierter Mensch. Sein Credo war: »Solange der Künstler arbeitet, um ein reicher Mann zu werden, wird er immer ein armseliger Künstler bleiben.« Diese Haltung durchzieht die Kunstszene Italiens bis heute. Wenn Sie Maler, Modemacher oder Architekten nach ihrem Geheimnis fragen, dann hören Sie meist Folgendes: »Wir arbeiten aus Liebe zum Metier. Wir wollen Schönes erschaffen.« Das war schon immer die Maxime.

Als das Team aus Architekten, Bauzeichnern, -planern und Maurern 1173 mit den Arbeiten eines freistehenden Campanile in Oberitalien begannen, da wollten sie mit diesem sakralen Bau alles bislang Dagewesene in den Schatten stellen, denn dieser Glockenturm sollte erstmals einen runden Grundriss aufweisen und aus weißem Carrara-Marmor sein. Er sollte 100 Meter auf der Piazza dei Miracoli in Pisa in den Himmel streben. Nicht Zeitdruck würde die Arbeiten leiten, sondern die Liebe zur Kunst. Und so geschah es. 177 Jahre währten die Bauarbeiten. Der Grund für diese langwierige Bauphase war eine Kuriosität, die das engagierte Projekt überschattete und zur Ratlosigkeit zwang: Bereits mit der Errichtung der dritten Etage neigte sich der göttliche Turm rund vier Grad zur Seite. Ein Rätsel, das zum Baustopp führte und sogar Gelehrte auf den Plan rief. Sogar Galileo Galilei soll sich dieses Phänomens angenommen haben, und es geht die Legende um, dass er am schiefen Turm von Pisa die Fallgesetze entwickelte.

Der Glockenturm wurde letztendlich nur 56 Meter hoch und zog sich über acht Etagen. Man ruckelte also die Fantasie auf ein machbares Maß zurück. Man versuchte zudem, die Schieflage baulich zu kompensieren, indem man ab der vierten Etage die

Fluchtlinie veränderte, vergeblich. Der Turm blieb schief. Nach intensiver Ursachenforschung fand man mit der Zeit heraus, dass die Begebenheiten des Grundbodens ungünstig waren, da Lehm, Wasser und Sand eine kaum berechenbare Struktur bildeten. Jegliche Versuche, den Boden zu stabilisieren, die Naturverhältnisse zu ebnen, den Turm zu begradigen, misslangen. Aber, Sie ahnen schon, auf welchen Punkt wir abzielen wollen: Diese Fehler in der Anfangsphase machten den Turm zum berühmtesten Turm der Welt. 1987 gelangte er in die Weltkulturerbe-Hitliste der UNESCO. Es gibt wohl niemanden, der sich ernsthaft wünschen könnte, dieser Turm wäre gerade, außer vielleicht der Perfektionist, dem eine Abweichung von der Ideallinie schmerzhaft erscheint ...

Diese Pisa-Metapher, dass Schönheit Makel haben und Erfolg durch Fehler erst sichtbar werden kann, die möchten wir Ihnen als Dolce-Vita-Formel mitgeben.

Die Pisa-Formel

- Persönlichkeit
- Individualität
- Souveränität
- Authentizität

Persönlichkeit: Unsere Persönlichkeit ist von Fähigkeiten und Talenten geprägt – werden Sie sich dieser bewusst und wertschätzen Sie die Ihrer Mitarbeiter. Dann wird Leidenschaft möglich, und Sie wissen ja: Das ist die erste Voraussetzung für Erfolg.

Individualität: Bei rund sieben Milliarden Menschen auf der Erde gibt es keinen, der tickt wie Sie. Die Summe aus Ihren Gedanken, Erfahrungen und Erlebnissen macht Sie zu einem einzigartigen Menschen. Bleiben Sie die wundervolle und einzigartige Person, die sie sind, und entdecken Sie die Einzigartigkeit Ihrer Mitarbeiter. Denn die Summe dieser Einzigartigkeiten gibt Ihrem Unternehmen ein unverkennbares Profil.

Souveränität: Auch wenn Sie einmal in eine Schräglage geraten: Machen Sie sich bewusst, welche Herausforderungen Sie bereits gemeistert haben, und vertrauen Sie auf Ihr Fundament – Sie können nicht umkippen. Haben Sie den Mut, anders zu sein.

Authentizität: Lassen Sie Gefühle zu und akzeptieren Sie Ihre Schwächen. Dies wirkt sympathisch und ehrlich. Vergleichen Sie sich nicht mit anderen, sondern gönnen Sie ihnen den Erfolg. Arbeiten Sie lieber an ihren eigenen Fähigkeiten, um morgen besser zu sein, als sie heute sind.

Literatur und Internet

Buckingham, Marcus/Clifton, O. Donald: Entdecken Sie Ihre Stärken jetzt! Frankfurt am Main: Campus 2014

http://www.businessinsider.de/warum-steve-jobs-am-arbeitsplatz-traenen-vergoss-2016-4 [14.09.2017]

Kapitel 5
Espresso für den Erfolg

Die Gedanken fliegen lassen

Sie öffnen das Fenster Ihres Büros. »Endlich Frühling«, denken Sie, »endlich Wärme«. Und während Sie tief einatmen, verspüren Sie Lust, die Mittagspause im Park zu verbringen. Ein wenig Bewegung könnte guttun, überhaupt wäre ein Abstand von den Aufgaben sinnvoll. Seit Stunden arbeiten Sie an einer neuen Version des Kommunikationskonzepts und haben sich an einem Punkt festgebissen. Sie finden einfach keine Lösung, wie Sie das interne Klima verbessern können. Die typischen Instrumente bedienen Sie bereits. Sie versenden Newsletter, texten im Intranet, laden zu Gesprächen ein. Auch mit Motivationstrainern haben Sie gearbeitet, aber alles blieb ohne Erfolg. »Die Mitarbeiter reden zu wenig miteinander«, denken Sie. »Aber wie soll ich das nur ändern?« Was diese sich wünschen, ist mehr Transparenz, mehr Anteilnahme an abteilungsübergreifenden Prozessen, mehr Datenaustausch. Diese Punkte wollen Sie aufgreifen. Und doch wissen Sie, dass ein Konzept nur ein Papiertiger bleibt, wenn es die Emotionen der Mitarbeiter nicht berührt. Sie werden später, nach der Pause, noch einmal in Ruhe darüber nachdenken. Nun möchten Sie erst einmal raus in den Park. Also stellen Sie das Telefon auf die Zentrale um und verabschieden sich bei Ihrem Assistenten: »Ich bin mal weg.« Der sieht Sie verwundert an, weil Sie im Allgemeinen die Mittagspause mit Kollegen in der Kantine verbringen. Dort fachsimpeln Sie, reflektieren Meetings und geben sich gegenseitig Ratschläge. Heute nicht. Heute brauchen Sie Abstand von den Themen.

Auf dem Weg in den Park erkennen Sie den einen oder anderen Kollegen und Sie denken schmunzelnd, dass auch andere auf die Idee gekommen sind, sich eine Pause außerhalb des Unternehmens zu gönnen. Sie grüßen freundlich, aber keine Reaktion erfolgt. Die Kollegen nicken Ihnen nicht zu, nehmen Sie nicht wahr, weil sie auf ihr Smartphone starren, weil sie sich über Kopfhörer unterhalten, weil ihre Aufmerksamkeit in virtuellen Welten spielt. Und zwischendurch schlucken sie Kaffee aus Pappbechern, mehr Geste als Genuss. Die ersten Blüten im Jahr scheinen sie nicht zu interessieren und das Vogelgezwitscher werden sie vermutlich eher als Störung empfinden. Das verrät die Steilfalte auf ihrer Stirn.

Unwillkürlich fühlen Sie den Impuls, Gleiches zu tun, denn Ihr Gewissen regt sich und Sie sagen sich: »Auch ich habe Termindruck, kann die Zeit im Park für Recherche oder E-Mail-Check nutzen.« Also klopfen Sie gegen die Jackentasche, um festzustellen, ob sich Ihr Smartphone darin befindet. Aber: Die Jackentaschen sind leer. Sie haben Ihr Handy vergessen. Ein Schwall von Ärger steigt Ihnen hoch und Sie beschleunigen den Schritt. Immerhin leiten Sie eine Abteilung, und wer kann es sich bei Ihrer Aufgabenfülle schon leisten, einfach nichts zu tun? Das ungute Gefühl in Ihnen wird größer und die Befürchtung, nicht effizient zu wirken, die wächst. »Dreißig Minuten nicht erreichbar, das ist wie eine Ewigkeit in digitalen Zeiten«, halten Sie sich vor. Aber den Coffee to go werden Sie sich genehmigen, die Bar liegt quasi auf dem Weg.

Stopp! Wir halten wenig von smartphonegetriebenen Pausen. Die fressen Ihre Energie. Wir halten auch nichts von problemorientieren Pausen. Die führen selten zu Einsichten und Lösungen. Vielmehr besagt die Dolce-Vita-Strategie:

→ Schalten Sie ab! Lassen Sie Ihre Gedanken ohne Richtung und Ziel einfach einmal fliegen.

Dann kann es sein, dass die Lösungen wie von selbst von den Bäumen fallen. So jedenfalls hat es uns Isaac Newton schon im ausgehenden 17. Jahrhundert gelehrt.

Fünf Minuten für einen Geistesblitz

Der englische Naturwissenschaftler und Verwaltungsbeamte suchte Beweis und Formel für Bewegung. Jahre, Jahrzehnte forschte er, verhakte sich in Theorien, warf Kritiken an seiner Denkweise harsch zurück und bestand darauf, die Anziehungskraft der Erde könnte entschlüsselt werden. Er versuchte, sich seiner Idee philosophisch und naturwissenschaftlich zu nähern, versuchte sein Denken zu verknüpfen, seine Ausarbeitungen auf ein, zwei Sätze zu sublimieren. Es gelang ihm vorerst nicht. Stillstand seiner Forschung. Eines Tages im Sommer verließ er seine Studienkammer. Er hatte – aufgewachsen als Kind eines Schafzüchters – Sehnsucht nach der Natur, wollte den Staub aus der Lunge atmen. Irgendwann wurde er müde vom Wandern und legte sich rücklings ins Gras – und dachte an nichts. So ist es überliefert. Der fleißige Mann gönnte sich eine Mußestunde.

Mit dieser Leichtigkeit des Seins hätte er auch ein Italiener sein können. Er sog den Duft der Blüten ein, beobachtete das Ziehen der Wolken am Himmel, freute sich über das Wiegen der Baumkronen. Er wurde durchlässig für das, was um ihn herum geschah, ließ los von seinen Problemen. Gedanken kamen und gingen, nichts war bedeutsam, nichts störte den Fluss. Eine Zufriedenheit machte sich breit, dass alles gut wäre, wie es war. Just in diesem Moment fiel ein Apfel vom Baum. Isaac Newton vernahm ein leises Knistern am Ast, sah wie der Apfel sich löste und durch die Luft nach unten auf den Boden knallte. Und was dieser Knall in Newton bewirkte, sollte die Menschheit um Meilensteine im Denken und Handeln voranbringen. Denn Newton hatte einen Geistesblitz: Er erkannte das, was er später als Gravitationsgesetz beweisen sollte: Dass die gegenseitige Anziehung zweier Körper von ihrer Masse abhing. Mit dieser Einsicht schuf er Großartiges. Er sollte die Menschen aufklären, warum Äpfel zum Boden fallen und Sterne die Sonne umkreisen.

Italiener lieben solche Geschichten wie die um Isaac Newton, die mit Emotionen beginnen und am Ende die Welt revolutionieren. Warum? Weil Emotionen in jedem Menschen stecken und weil man kein Genie sein muss, um sie zu wecken. Lediglich das kurze Loslassen von Zwängen, der Müßiggang für wenige Minuten reichen aus, um sich selbst die Chance auf Erfolg zu geben. In diesen scheinbar überflüssigen, weil nicht fokussierten Momenten kann es geschehen, dass eine gute Idee in Ihr Frontalhirn schießt.

Ein Geistesblitz kommt nie auf Kommando. Er zeigt sich erst, wenn Sie Ihr Thema zur Seite schieben. Dann nämlich arbeitet Ihre Kreativität, weil Sie sich von Wissens- und Logikpfaden fortbewegen, weil Sie gedanklich nichts mehr auf Wahrheit überprüfen. Plötzlich wird Ihre Fantasie aktiv. In relaxten Situationen kann sie sich entfalten, weil keine Wertung droht. Sie schaltet in den Alles-ist-möglich-Modus und bringt überraschende Einfälle zutage. Was Sie im Büro stundenlang nicht fanden, poppt auf einmal vor Ihrem geistigen Auge auf: Die Lösung des Problems, das nächste Projekt, eine passende Formulierung. Das bedeutet im Umkehrschluss: Es sind nicht die Ablenkungen, die uns die Arbeit erschweren! Es sind die Pausen, die uns weiterbringen. Ein einziger Moment des Nichtdenkens kann ausreichen, um alles zuvor Gedachte in Ihrem Gehirn zu bündeln und plötzlich klar zu sehen. Eine Pause ist ein Chancenöffner für unverhoffte Ideen, die uns in der Karriere nach oben katapultieren. Und mit diesem Wissen stellen Sie sich bitte die Eingangsszene dieses Kapitels anders vor:

- Sie entscheiden sich für eine Pause im Park.
- Sie kappen für diese Zeit Ihre Erreichbarkeit auf allen Social-Media-Kanälen, indem Sie Ihr Smartphone bewusst im Büro in die Schublade schließen.
- Sie nehmen Atmosphäre, Stimmungen, Geschehnisse in sich auf, Sie werden durchlässig für das, was um Sie herum geschieht.
- Sie genießen die Pause, weil auch eine Pause effektiv ist.
- Sie trinken den Kaffee nicht aus einem Pappbecher im Gehen, sondern Sie freuen sich auf einige Minuten in der kleinen, lebhaften Kaffeebar.

Dort steht der Barista hinter seiner stahlglänzenden Maschine, mahlt die Bohnen zu Pulver, drückt das Pulver in das Sieb, wartet, bis der Druck sich auf neun Bar erhöht, bis das Wasser mit einer

Temperatur 95 Grad erreicht und das Pulver in eine braune Essenz verwandelt, die dickflüssig in die vorgewärmte Tasse tropft, bis der Espresso samt Crema nach Italien riecht. Sie nehmen diese Szene in sich auf, Sie genießen Duft, Geräusche, Vorfreude auf den Geschmack. »Un caffè per favore.« Der Barista lächelt Sie an und fragt: »Zucker?« Sie schütteln den Kopf: »Nein, schwarz und stark«, so lieben Sie Ihren Espresso.

Fünf Minuten kostet es Sie, den Espresso zu trinken, einzutauchen in die Atmosphäre der kleinen Bar, das Scheppern der Tassen, das Zischen der Milchdüse, das Rauschen des Wassers wahrzunehmen und mit wenigen Schlucken das Aroma zu schmecken. Um wie viel wertvoller sind diese Minuten bewussten Genusses gegenüber dem Schlucken eines Kaffees aus Pappbechern, während die E-Mails blinken und der Kollege durch das Telefon ins Ohr vom Projekt erzählt!

Überlegen Sie einmal, wann Ihnen die besten Projektideen oder Lösungen kamen? Wir wetten, Sie antworten: beim Joggen, unter der Dusche, während eines Spaziergangs, des Liegens auf einer Wiese, auf dem Golfplatz zwischen zwei Abschlägen – oder in der Espressobar. Damit wären Sie, wie wir erfahren haben, in bester Gesellschaft.

Spendierte Impulse

In Italien gibt es selbst in den kleinsten Orten Esspressobars. Es ist vom Manager bis zum Obdachlosen ein Ritual, mindestens einmal täglich hineinzugehen und einen Caffè zu trinken. – Übrigens bestellt man dort *un caffè* und erhält einen *espresso*. – Aus diesem täglichen Ritual hat sich eine bemerkenswerte Tradition entwickelt, die wir auch in Deutschland anregen möchten: »Caffè sospeso«, der spendierte Espresso. Ein gutverdienender Italiener bezahlt zwei caffè, obwohl er nur einen trinkt. Der andere ist gedacht für einen, der sich den Besuch in der Bar nicht leisten kann. Der darf dennoch kommen, darf gewiss sein, dass ein anderer, dem es besser geht als ihm, mit einer netten Geste an ihn dachte.

Wenige Minuten für einen caffè sollten jedem Menschen zustehen, ob mit Geld oder ohne, finden wir in Italien. Auch der Obdachlose fühlt, riecht, schmeckt die Crema in der Tasse, und es kann sein, dass er in diesem Augenblick wieder einen Impuls spürt, sich anzustrengen, um vom Rande der Gesellschaft wieder in die Mitte zu gelangen. Weil er merkt, dass man ihn nicht vergisst. Weil er willkommen ist und vom Barista ebenso viel Aufmerksamkeit erhält wie ein Gast im Armani-Anzug. Wir nennen eine solche Geste den 360-Grad-Blick im Leben. Dazu muss man den Kopf vom Smartphone heben, die Sinne offen halten, sich für eine Weile den kleinen Dingen im Alltag zuwenden.

Das übrigens ist eine Haltung, die eine Resonanz in der unternehmerischen Kommunikationsstrategie finden kann. Dann sehen Manager ein, dass Worte allein wenig bewirken, wenn sie auf dem Papier kleben und nicht die Herz-Hirn-Linie der Mitarbeiter zum Schwingen bringen. Gute Absichten sind eben noch keine guten Taten. Wer wirklich die Emotionen der Mitarbeiter für den Unternehmenserfolg nutzen will, sollte sich einmal fragen: Wie erreichen wir die Sinne der Mitarbeiter für unsere Ziele? Und das bedeutet konkret: Wie kann unser Unternehmen visuell, akustisch, olfaktorisch, gustatorisch und haptisch reizvoll sein?

Sinne für den Unternehmenserfolg

Experten sprechen an dieser Stelle von einem Corporate Sense. Bislang war dieser Bereich stiefmütterlich vernachlässigt in der Gesamtkomposition der Unternehmenspersönlichkeit. Aktuell ändert sich das. Führungskräfte betrachten ihre Mitarbeiter mit einem ganzheitlichen Blick, sie wollen deren Wohlgefühl, weil sie wissen: Mitarbeiter sind die stärkste Ressource. Sie sind es, die den Unternehmenserfolg generieren. So fragen sich zunehmend mehr: »Was kann ich tun, um mein Team emotional zu erreichen?« anstelle von: »Wie kann ich mein Team zur Leistung antreiben?« Diese Entwicklung ist gut und richtig. Allerdings bleibt sie allzu oft in der Absicht stecken. Dann werden zunächst Berater akquiriert, die ein Konzept zum Corporate Sense entwerfen sollen. Was folgt, sind Recherche, Ist-Stand-Beschreibung, Aufzeichnen von Szenarien samt Zieledefinition. Von der Praxis sind solche Übungen aber weit entfernt. In der Zwischenzeit fragen sich die Mitarbeiter, was der Aufwand soll. – Recht haben sie!

Deshalb raten wir Ihnen zu einem unkonventionellen Instrument. Sie können es innerhalb kurzer Zeit etablieren, und wir garantieren Ihnen: Ihre Mitarbeiter werden es vom ersten Tag an wertschätzen und nie wieder missen wollen. Wir meinen eine interne Espressobar. Klein, laut, lebhaft, mit dem besten caffè am Standort.

Diverse Studien klären seit Jahren gebetsmühlenartig auf, dass für die Zufriedenheit der Mitarbeiter genau drei Kriterien gelten:
o die Atmosphäre im Unternehmen
o die gegenseitige Wertschätzung
o die Emotionen für die Aufgaben

Lachen erlaubt

Leider wird die interne Kommunikation nach wie vor als Topdown-Linie begriffen. Das bedeutet: Die Geschäftsleitung informiert über Entwicklungen im Unternehmen. Werte, Richtlinien, Themen, Veränderungen werden unter Claims wie: *Gemeinsam sind wir stark* kommuniziert.

Für dieses *Wir* statt *Ich* investieren die Unternehmen Geld und Zeit. Veranstaltungen wie Outdoor-Events, Inhouse-Seminare, Vorträge, Umfragen, Interviews stehen auf dem Plan. Diese sollen die Leidenschaft der Einzelnen wecken und zudem das gemeinsame Potenzial erfassen. Die Crux ist nur: Was in diesen Seminaren erlebt wird, verflacht schnell wieder im Alltag. Nach einem Rafting-Tag am Wildfluss für mehr Durchhaltekraft, nach einem Ausflug in den Kletterpark, für mehr Selbstvertrauen, nach einem Motivationsseminar für mehr Teamgeist gehen die Mitarbeiter zwar gut gelaunt in ihre Büros zurück, aber die Routine holt sie wieder ein. Weil die Konflikte mit der Kollegin noch immer vorhanden sind oder das Team sich nicht auf einen realistischen Zeitplan einigen kann oder die Prozesse stocken, die Atmosphäre kühl bleibt.

Für die Unternehmensleitung bedeutet diese Quintessenz, zukünftig im Bereich interne Kommunikation zu sparen und dafür die Posten in der PR-Abteilung und im Marketing zu erhöhen. Denn dort gibt es messbare Größen für Erfolg, dort lassen sich Kundengespräche, Vertragsabschlüsse, Klicks im Netz und die Anzahl der Berichterstattung in den Medien addieren, und am Ende steht eine Zahl für Erfolg.

Wir halten genau das für einen Fehler und bitten Sie, alles dranzusetzen, Ihre Mitarbeiter glücklich zu machen. Und weil wir wissen, dass Glück immer nur eine Momentaufnahme von wenigen Minuten ist, sollten Sie genau diesen Rhythmus beherzigen. Dafür sollte Ihnen keine Mühe zu anstrengend sein. Denken Sie daran: Ihre Mitarbeiter sind es, die den Erfolg begründen, die Innovationen hervorbringen, die Ihr Unternehmen am Markt halten. Ohne sie hätten Sie kein Produkt, keine Kunden, keine Sichtbarkeit. Deshalb gilt in guten wie in schlechten Zeiten die Regel: Die Mitarbeiter zuerst.

Das ist übrigens weniger aufwendig, als Sie auf den ersten Blick vermuten. Lediglich zwei Punkte sind ausschlaggebend:

- Erstens: Achten Sie darauf, dass Spaß in Ihrem Unternehmen kein Unwort ist. Ob Mitarbeiter es lieben, in Ihrem Unternehmen zu arbeiten, erkennen Sie an der Stimmung, dem Humor, den hellen Gefühlen im Raum. Wie Kollegen sich begrüßen, wie sie sich Verständnis für Fehler entgegenbringen und wie sie sich in einer grundsätzlichen Weise akzeptieren – das ist die Grundlage für ein gutes Klima. *Lachen erlaubt*, ein solches Schild sollte an der Tür zum Meetingraum hängen, statt: *Bitte nicht stören*.
- Zweitens: Schaffen Sie einen Raum für Pause, Gestaltung, Gespräch. Sie kennen das: Egal wie sehr Sie Ihre Arbeit lieben, Sie brauchen hin und wieder eine Pause. Wissenschaftler haben erkannt, dass das Gehirn nach 45 Minuten Konzentration eine Entspannung benötigt. Dann gilt es, die Fenster aufzureißen, ein Stück Traubenzucker zu lutschen und einen Espresso zu trinken – aber bitte nicht allein. Espresso mundet in Gesellschaft netter Kollegen viel besser, und die Wirkung vervielfacht sich mit Worten, besonders dann, wenn der Chef nicht zuhört, wenn es einen Raum gibt, in dem alle Themen möglich sind. Das ist die Linie, die sich von Abteilung zu Abteilung zieht, von Mitarbeiter zu Mitarbeiter. Sie vervollständigt die Top-down-Linie in sinnvoller Weise, weil hier nicht der Chef informiert. Vielmehr sind es die Mitarbeiter, die je nach Temperament Änderungen besprechen, diskutieren und sich wohlfühlen in ihrer Kommunikation rund um das Unternehmen.

→ **Unser Dolce-Vita-Tipp:** Schenken Sie Ihren Mitarbeitern einen Platz, an dem sie erzählen, lachen, pausieren können. In dem sie zurücktreten dürfen von den Aufgaben, in dem sie Momente sammeln dürfen bei einem Espresso, getreu dem italienischen Motto: »Da cose nascono cose« – aus Momenten entstehen Momente.

In Italiens Restaurants und Unternehmen ist die Kaffeemaschine das Aushängeschild für Qualität und Kultur. Die Siebträgermaschine steht wie ein Synonym für beide Begriffe, denn in der edlen Ausführung spiegelt sich der Preis einer Rancilio, Gaggia oder La Marzocco im hohen vierstelligen Eurobereich. Keine Frage: Eine gute Siebträgermaschine ist eine Investition – aber die lohnt sich.

Deutsche trinken im Jahr rund 160 Liter Kaffee. Was – das fragen wir Sie – spricht dagegen, diese Lust für die interne Kommunikation zu nutzen, indem Sie Ihre Mitarbeiter bei der fast schönsten Sache der Welt zusammenbringen?

Der Espresso-Point

Für einen solchen Espresso-Point benötigen Sie:
- eine wertige Siebträgermaschine
- eine Mischung aus hundert Prozent Arabica-Bohnen in guter Röstung
- weißes italienisches Kaffeegeschirr
- Bistrotische, denn einen Espresso trinkt man im Stehen – er ist ein Moment, wie ein Kurzgespräch unter Kollegen

→ **Die Dolce-Vita-Pausenphilosophie:** 300 ml Kaffee täglich = dreimal Filterkaffee oder zehnmal Espresso sowie Zutaten für den perfekten Espresso: Mahlgrad, Druck und Temperatur und die richtige Portion Leidenschaft, Fingerspitzengefühl und das Training der Sinne beeinflussen den Geschmack eines Caffè.

Ob dieser Punkt in Ihrer internen Kommunikationsstrategie erfolgreich ist, das können Sie leicht evaluieren. Sie addieren die Bestellungen an die Rösterei. Wenn die steigt, dann nimmt auch die Kreativität Ihrer Mitarbeiter zu. Nach dem Motto »un caffè al bar« trifft man sich, um wenige Minuten zu reden, abzuschalten oder um ein Espresso-Meeting zu veranstalten. Der Punkt auf der Agenda wird im Stehen besprochen. Zwei, drei Schlucke, wenige Sätze reichen oft aus, um sich klar zu werden, ob man auf den richtigen Projektweg ist. Keine Zeit für ein »Ja, aber, da bin ich anderer Meinung.« Wir finden diese Art der Meetings effektiv und empfehlen sie als tägliches Ritual, um eine Basis des Vertrauens wachsen zu lassen.

Das ist der Grund, warum in Italien die Barista wie Sorgenfresser sind: Sie hören zu, geben einen Kommentar, während sie den caffè zubereiten. Sie überreichen ihn mit einem Lächeln und den Worten: »Alles schon dagewesen, alles schon überlebt. Alles nur eine Momentaufnahme auf einer langen Strecke von Zeit.«

Und sollte ein Projektthema mehr Aufmerksamkeit erfordern, dann schlagen wir das Mille-Miglia-Meeting vor.

Tausend Meilen genießen

Im Mai eines jeden Jahres gibt es ein 1000-Meilen-Spektakel in Italien, das die Liebhaber alter Autos von Brescia bis Rimini über Rom bis Parma führt. Manager, Politiker, Prominente und viele andere mehr kommen aus 41 Nationen, um ein Event zu genießen, das bis heute einzigartig ist. Auf der Mille Miglia treffen sich die Schönen und Reichen, und ihnen geht es vorrangig nicht um den Sieg eines Rennens, sondern um das Auftanken eines Lebensgefühls, das sich zusammensetzt aus Gespräch, Kulinarischem und einer Freude an alten Autos aus dem Baujahr bis 1957. Motor und Blech müssen in originaler Form vorhanden sein und die Teilnahme an einem Rennen früherer Jahre nachgewiesen werden. Das sind die

Bedingungen für das legendäre Oldtimerrennen. Ansonsten lautet die Devise, sich klug und bedächtig durch die Lande zu navigieren und neben dem Spaß die Zeit im Blick zu halten. Das war nicht immer so.

Als die Mille Miglia 1927 erstmals stattfand, da war sie ein Autorennen in klassischer Form – die meisten PS unter der Haube würden gewinnen, nahm man an, und trat auf das Gaspedal. Nur kamen die Autos über 16 PS nicht hinaus. Erst in Folgejahren sollten sie sich steigern – und damit begannen die Probleme. Getrieben vom Ehrgeiz der Fahrer rückte der Sieg in den Mittelpunkt und das Spektakel geriet in den Hintergrund. Höchstgeschwindigkeit galt mehr als Genuss. Ehrgeiz mehr als Rücksicht. Am Ende – 1957 – zogen die Veranstalter ein verheerendes Resümee. Verletzte und Tote waren zu beklagen. Was folgte, war der Schlussstrich unter eine Idee, die durch Rücksichtslosigkeit Einzelner manchem Fahrer zum Verhängnis wurde. Bis 1977 verschwand die Mille Miglia aus den Annalen der Stadt Brescia. Dann entschied man, es mit einem neuen Konzept zu versuchen, indem man dem Rennen seine gesellschaftliche Note gab. Mit Erfolg.

Diese Philosophie passt zu Italien wie die Olivenbäume in die Toskana, denn sie rückt die Emotionen in den Mittelpunkt. Die Teilnehmer freuen sich, dabei zu sein. Sie teilen Erfahrungen bei einem Glas Wein und exzellentem Essen, um sich derart gestärkt und bestätigt wieder dem Roadbook zu widmen, jenem Buch, das die Zeit vom Start bis zum Ziel bestimmt. Zu viel Genuss würde Strafpunkte bedeuten, ein zu schnelles Vorpreschen würde dem Geist des Rennens zuwiderlaufen.

Übertragen auf ein Unternehmen würde diese Philosophie bedeuten, dass auch der Weg zum Ziel ein Erlebnis ist. Jede Meile ist ein Stück vom Leben. Wie schade wäre es, den Tunnelblick zu etablieren und die blühenden Landschaften und die Küsten seitlich der Mille Miglia zu übersehen! Bei der Mille Miglia übrigens verlässt sich der Fahrer auf den Techniker, wenn es um Reifen- und Ölwechsel, um das Zusammenspiel der Details geht. Er setzt zudem auf die Navigationskenntnisse seines Beifahrers, wenn es um die Streckeneinteilung und den Zeitplan geht. Wir finden, von diesem italienischen Spektakel können Führungskräfte lernen. Deshalb plädieren wir mit dieser Metapher dafür:

- Halten Sie Ihre 1 000 Meilen bis zum Ziel durch, aber bauen Sie Zwischenstopps ein!
- Durchhaltevermögen steht vor Tempo und Teamarbeit vor Einzelerfolgen.
- Das Zusammenspiel aller Beteiligten ist prägnant und kollegial.

Mille-Miglia-Meeting

Im Gegensatz zum Espresso-Meeting verlangen die Mille-Miglia-Meetings nach einem Moderator. Dieser gibt das Ziel und den Zeitplan vor, verteilt die Aufgaben nach Know-how und Fähigkeiten im Team. Er führt konsequent durch die Agenda, aber er vergisst das Wohlgefühl der Teilnehmer nicht. Diskussionen, die den Rahmen sprengen oder vom Weg abführen, lässt er nicht zu. Mit den Worten:»Das klären wir später«, geht er wieder zu den Daten und Fakten über. Dennoch vergisst er nicht, dass auch gute Laune und Genuss ein Teil des Meetings sind. Sein Ziel ist es, die nächste Etappe festzulegen. Damit nimmt er die Angst und Anstrengung vor dem großen fernen Ziel. Er begleitet passo dopo passo sein Team.

Für jedes Zwischenziel weckt er die Motivation, dieses zu erreichen, und er ist bereit, jedes einzelne zu feiern und mit einem wertschätzenden Feedback zu besprechen. So wird die gesamte Projektstrecke zu einem Kommunikations- und Erfolgslauf, ohne den Atem und die Übersicht zu verlieren. Übrigens: Korrekturen erwünscht! Denn die Kommunikation dient auch der stetigen Analyse der Umstände, Rahmenbedingungen und Atmosphäre. Auf die Leistung seines Teams verlässt sich die Führungskraft ohnehin und sorgt dafür, dass nach der Anstrengung die Entspannung folgt. Das ist der Mille-Miglia-Rhythmus, den wir lieben.

Mille-Miglia-Meetings beleuchten die Meilensteine im Projekt, sie bringen die Teams nach vorn durch Applaus und Wertschätzung, durch Korrekturen, wo nötig. Das gelingt Ihnen umso mehr, je versöhnlicher Sie bleiben, wenn Fehler geschehen. Aus unserer Sicht sind Fehler kein Einknicken des Erfolgs, sondern wichtige Hinweise auf ein Verbesserungspotenzial. Deshalb schaffen Sie eine Stimmung, in der Fehler kein Makel sind, sondern ein Beweis für Engagement.

SCHENKE EIN GUTES GEFÜHL

Kapitel 6
Die Empathie des Lieblingsitalieners

Der richtige Mix

Wer die Kunst des Managements beherrscht, der weiß: Bei Wein und Menü verläuft ein Businessgespräch entspannter als am Schreibtisch im Büro. Da werden sich zwischen den Plaudertönen manche Hinweise auf den Charakter Ihres Partners zeigen, und seine Absichten liegen spätestens beim Dessert auf dem Tisch. Zu erkennen, ob er Ihnen eloquent oder verschlossen, vertrauensselig oder berechnend begegnet, kann ein Indiz für die weitere Zusammenarbeit sein. Wird Ihr Gast in leichter Manier über sich und seine Aufgaben erzählen und die Zeit zwischen Aperitif und Espresso wie im Winde verstreichen? Wird er ein Lob auf den Koch aussprechen oder durch die einzelnen Gänge hetzen und selbst das perfekte Tiramisu nicht mit einem Augenaufschlag würdigen? Wird er nur von seinen Erfolgen berichten oder wird es ihm wichtig sein, mehr über Sie zu erfahren? Wir finden, gemeinsam zu essen ist eine probate Methode, sein Gegenüber kennenzulernen, weil man der Sachlichkeit die Geselligkeit hinzufügt. Aber Achtung: Ob Ihnen dieser Mix gelingt, wird letztendlich von der Wahl des Restaurants abhängen. Sehen wir einmal genauer hin.

Die von Managern und vielen Führungskräften bevorzugte Restaurantwelt teilt sich in zwei Hälften. Auf der einen Seite gibt es die Szenerestaurants, auf der anderen Seite die Lieblingsitaliener. Diese beiden Restauranttypen sind so unterschiedlich wie deren Einrichtung aus Minimalismus und Bodenständigkeit. Und diese polare Differenz beeinflusst den Verlauf Ihres Geschäftsessens.

Die ersteren Typen finden Sie meist in Hotels bester Kategorie oder in den angesagten Vierteln der Stadt. Die Location hat den Anspruch, hipp zu sein, und Entsprechendes spiegelt das Interieur wider: Lederschwingstühle à la Thonet, überdimensionale Silberleuchten auf Steintischen, Wände aus Acryl. Wer eintreten will, muss den ersten Check bestehen. Das heißt, er muss dem Platzanweiser gefallen. Der nämlich hat sich nahe dem Eingang hinter einem Pult positioniert. Dort liegt sein Buch, das Aufschluss über die Tischsituation im Restaurant gibt. Mit aufreizender Langsamkeit blättert er dann durch die Seiten, während der Gast von einem Bein auf das andere wippt, darauf hoffend, nicht abgewiesen zu werden. Der Wunsch des Gastes nach einem Fensterplatz wird mit Nichtachtung pariert. Stattdessen lässt er vernehmen: »Folgen Sie mir bitte.« Und damit betritt der Gast als Komparse die Bühne. Im Hintergrund leise Lounge-Klänge, im Vordergrund die Kellner. Die bewegen sich elegant durch den Raum, bereit, den Gast ohne Umschweife zu bedienen. Auch Ihnen hält ein distinguierter junger Mann die Weinkarte unter die Nase, noch bevor Sie sitzen. Ihr Blick fällt auf das goldene Schild vor Ihnen: *Reserviert von 20:00 bis 21:00 Uhr* – und damit wird Ihnen klar, dass die Gäste im Stundenrhythmus essen und bezahlen. »Der Laden ist eben in«, denken Sie und lächeln dem Kellner zu. Der hat bereits begonnen, Ihnen flüsternd die Highlights der Speisekarte zu nennen. Die ist übrigens die Bibel des Hauses, Fragen nach Extras oder Änderung sind nicht üblich. Also lauschen Sie den Worten, nicken zur Empfehlung und warten auf das, was da kommt, meist ein Essen in Sternekategorie, beste Zutaten in kleinen Portionen auf großen Tellern kredenzt. Der Kellner erklärt Ihnen diesen Augenschmaus, zum Beispiel seien die vier Tropfen tiefroten Balsamicos eine Delikatesse nach *Tradizionale di Reggio Emilia*. Doch bevor Sie sich diese Köstlichkeit auf der Zunge zergehen lassen, schlägt man die Serviette neben Ihnen aus und bedeckt Ihren Schoß mit diesem Batist. Das ist das Signal. Ab jetzt läuft die Stunde, rückt der Zeiger der Rechnung entgegen. Lachen, Lautstärke, ein Erhitzen über Themen findet nicht statt, weil das unsichtbare Motto an der Acrylwand steht: Emotionen unerwünscht. Während Sie bezahlen, tritt schon der Platzanweiser an Ihren Tisch, hält den Mantel zum Hineinschlüpfen bereit. Der Abschied fällt spärlich aus. »Auf Wiedersehen«, vernehmen Sie aus dem Saal von jemandem, der die Spuren Ihres Besuches bereits verwischt.

Es geht auch anders. Dann öffnen Sie die Tür zu einem Restaurant, an dessen Tür kein von Scheinwerfern beleuchtetes Schild prangt, an dessen Eingang kein Platzanweiser auf Sie wartet. Vielmehr schallt Ihnen beim Eintreten aus irgendeiner Ecke ein herzliches »Bello vederti« vom Chef persönlich entgegen. Er eilt auf Sie zu, begrüßt Sie mit Handschlag, Namen und manchmal mit einer Umarmung. Er sieht Ihnen in die Augen, wenn er nach Ihrem Befinden fragt. »Come stai amico mio?« Er weiß, welchen Tisch am Fenster Sie bevorzugen, kennt Ihre Vorliebe für gute Weine und Bruschetta mit Tomaten und ruft dem gutgelaunten Kellner diese erste Bestellung zu. Der freut sich ebenso über Sie und Ihren Gesprächspartner, bittet Sie mit einer einladenden Bewegung Platz zu nehmen, anzukommen und sich wohlzufühlen. Die Musik besteht übrigens nicht nur aus dumpfen Bässen, sondern aus einer Melodie, die Sie am liebsten mitpfeifen würden. Sie ziehen den Duft von Essen durch die Nase, denken an Saltimbocca alla Romana mit Schinken und Salbei, an Dorade in Zitronensoße, an eine köstliche Minestrone. Sie rutschen auf dem Holzstuhl nach vorn, beugen sich über den Tisch, damit Ihr Partner hört, was Sie sagen: »Darf ich Ihnen etwas empfehlen? Die Pasta ist hier Handarbeit, und gefüllt mit Lachs schmeckt sie exquisit. Das steht nicht auf der Karte, aber wenn wir Guiseppe fragen, wird er sie für uns zubereiten.« Ihr Gast folgt Ihrer Empfehlung und erzählt von seiner Romreise vor wenigen Wochen, da war er in einem ähnlichen Lokal mit Landschaftsbildern auf gespachtelten Wänden und Trockenblumen an der Decke. Vielleicht denken Sie drei Sekunden lang an das edle Interieur des Szenetempels, um dann festzustellen: Sie vermissen es nicht. Sie fühlen sich sogar erleichtert, dass niemand Ihnen die Serviette auf den Schoß legt und dass kein klobiger Silberleuchter auf dem Tisch den Blick auf Ihr Gegenüber versperrt. Sie sind froh, dass Sie nicht nur vier Tropfen Balsamico auf Ihrem Teller finden, sondern eine Flasche mit Etikett und dem Versprechen, sich so viel auf den Salat träufeln zu dürfen, wie Sie mögen. Was wäre die Managerwelt ohne diese rustikale Alternative zur urbanen Künstlichkeit? Sie wäre ärmer, kühler und vor allem emotionsloser.

Gastfreundschaft als Erfolgsfaktum

Wer kennt ihn nicht, den Spruch: »Gehen wir zum Italiener«? Gemeint ist, gehen wir dorthin, wo wir gut essen und trinken können, wo man uns herzlich begegnet, weil wir sind, wie wir sind. Gastfreundschaft steckt den Italienern in den Genen. Sie zieht sich wie eine Spur durch die italienische Familienkultur, und wir finden es nicht vermessen zu sagen: Italiener haben sie zu einer Stärke perfektioniert. Wenn sie uns nun nach einem Beweis für diese Hypothese fragen, dann antworten wir unprätentiös: Unsere Gastfreundschaft besteht aus der Tradition, die wir pflegen, wenn wir Nachbarn und Freunden unser Mitgefühl entgegenbringen.

Italienische Kinder erleben bereits im Mutterleib, wie Gastfreundschaft ein gutes Gefühl erzeugt. Eine Mutter, die es genießt, wenn sie Gäste empfängt, wenn die Laune am Tisch leicht und lustig ist, überträgt diese Emotionen auf das ungeborene Kind. Und später wird das Kind solche ersten positiven Erfahrungen verstärken. Es wird mit dem Bewusstsein groß, dass ein geselliges Verhalten zum Alltag zählt wie das Zähneputzen nach der Mahlzeit. Es wird seine Antennen für die Bedürfnisse der anderen ständig schulen und verfeinern. Es wird in sensibler Weise die Emotionen der anderen erkennen und darauf reagieren. Wie ein übender Klavierspieler wird es täglich seine Lektionen verinnerlichen und langsam daran wachsen. Je nach Talent kann es passieren, dass aus diesem Kind ein Virtuose wird, weil es Menschen lesen kann. Das wäre dann die beste Voraussetzung, um ein Lieblingsitaliener zu werden: einer, der weiß, wie er seine Gäste glücklich macht.

Und doch zählt auch sein Restaurant-Business zu den härtesten Geschäften am Markt. Sein Management baut sich wie in allen Branchen auf Markenwert, Strategie und Image. Loredana weiß, wovon sie redet, denn ihr Vater war ein Gastronom aus Leidenschaft, ein klassischer Lieblingsitaliener an der Ecke. Gefragt nach seinen Erfolgskriterien hat er eine Antwort parat: »Die besten Zutaten nutzen nichts, wenn die soziale Kompetenz fehlt.« Diesen Satz möchten wir im Folgenden auf alle Branchen übertragen.

Loredanas Vater sieht sich nicht nur als Manager, Arbeitgeber, Einkäufer, nicht nur als Marketingexperte, sondern er sieht sich ebenso als Psychologe. Sein Anspruch ist es, die Stimmungen seiner Gäste aufzufangen, die Vorlieben zu kennen, die Wünsche zu erfüllen, bevor der Gast sie verbalisiert. Das ist der ganze Zauber, besonders in digitalen Zeiten, in denen die Konkurrenz nur noch einen Klick entfernt ist. Unter dem Begriff *Erfolg* subsumiert sich für ihn zweierlei: an erster Stelle ist es die Empathie für seine Gäste, und an zweiter ist es der knallharte Kampf um Zahlen. Empathie beschreibt er wie folgt: »Bello, du fragst mich, was Empathie ist? Wenn ich weiß, was ich tun muss, damit es dir gut geht. Wenn ich dir sage, du bist mein Gast, mein König für eine Zeit. Wenn es uns beide glücklich macht, weil wir miteinander reden und uns Komplimente schenken, dann sind wir empathisch. Und wenn ich die richtige Sprache finde, damit du lachst, dich wohlfühlst und mein Restaurant als eine Glücksinsel betrachtest, dann habe ich mein Ziel erreicht.« Und dann überlegt er kurz und fügt hinzu: »Empathie ist Gastfreundschaft.«

Stufe um Stufe gemeinsam steigen

Wie in jedem anderen Unternehmen auch, versucht Ihr Lieblingsitaliener, seinen Umsatz zu steigern. Nur eines wird er nicht: Auf diesem Weg sein Team und seine Gäste hinter sich lassen. Er weiß, dass Kellner, ausgestattet mit Armani-Hemden und -Schürzen, noch keine Gästebindung generieren. Sein Business wird erst florieren, wenn sein Koch mit Leidenschaft das Essen bereitet, die Kellner die Maslow'sche Bedürfnispyramide herunterbeten können und er selbst nach der Maxime lebt: Die Zufriedenheit der Gäste ist mein persönlicher Gewinn. Dafür ist er bereit, sein eigenes Machtdenken zu verlassen und den anderen Menschen – egal ob Mitarbeiter oder Gast – in den Mittelpunkt zu stellen. Er fragt sich nicht, welcher Vorteil ihm beim Handeln entsteht, sondern er fragt konkret: »Was muss ich tun, damit sich der andere wohlfühlt?« Damit ihm das gelingen kann, muss er selbst in seiner Mitte bleiben, darf die Selbstachtsamkeit für das, was ihm guttut, nie verlieren.

Wenn wir bedenken, wie Führungskräfte in den mittleren Unternehmensetagen in eine Leistungs- und Stressspirale geraten, dann hegen wir begründete Ängste um deren Gesundheit. Deshalb haben wir die Tiramisu-Übung kreiert, die die schönen, stressreduzierenden Gefühle wachhalten soll. Sie ist dafür gedacht, sich in wenigen Minuten Schicht um Schicht wieder der Leichtigkeit entgegenzudenken, aber dazu später mehr.

....

Die Pyramide für eine nachhaltige Zufriedenheit

Spätestens seit Abraham Maslow in den 1990er-Jahren seine Bedürfnispyramide erläuterte, wissen wir: Unsere Zufriedenheit verläuft in fünf Stufen, und auf dem Gipfel wartet das Glück. Ihr Lieblingsitaliener geht diese Stufen im Geiste durch und richtet sein Geschäftsmodell danach aus.

MASLOW PYRAMIDE

SELBST-
VERWIRK-
LICHUNG

ANERKENNUNG

FREUNDSCHAFT

SCHUTZ

NAHRUNG

Die Dolce-Vita-Pyramide, frei nach Abraham Maslow

- Auf der ersten Stufe steht das Grundbedürfnis des Gastes nach Nahrung. Das ist die Kernkompetenz des Restaurantbesitzers.
    - Er verwendet gesunde Zutaten, verbindet traditionelle Rezepte mit außergewöhnlichen Empfehlungen des Chefs.
- Auf der zweiten Stufe erwartet der Gast Schutz und Geborgenheit.
    - Zu erkennen, wo der Gast sitzen will, ob am Fenster, in der Mitte oder in einer Nische, das gehört zum Weitblick des Restaurantbesitzers. Er ist bereit, einen Tisch zusätzlich aufzustellen, aber ihm wird nie der Satz über die Lippen kommen: »Tut mir leid, bereits besetzt.« Im Gegenteil: Er weiß, wo der Kunde sein will, und dort ist es richtig!

- Auf der dritten Stufe warten persönliche Zuwendung, ein Gefühl von Freundschaft.
  - An dieser Stelle der Maslow'schen Pyramide unterscheidet sich der Lieblingsitaliener von allen anderen Restaurants. Ein Italiener hält den Kontakt zum Gast mit einer großen Portion Mitgefühl und Interesse für dessen Themen – und der Gast darf sich einer Vertraulichkeit sicher sein.
- Auf der vierten Stufe befindet sich der Wunsch nach Lob und Anerkennung.
  - Der Gast möchte in seinen Stärken erkannt werden. Er will eine Bühne haben, um sich zu zeigen. Der Lieblingsitaliener gibt sie ihm, indem er nachfragt, zuhört, sich aufrichtig mit dem Gast über Erfolge und Pläne freut. Ein Kompliment ist wie ein Sahnetupfer auf einen gelungenen Abend, und wenn es in einer persönlichen und ehrlichen Weise ausgesprochen wird, kann es noch Tage nachwirken.
- Auf der fünften Stufe ragt die Selbstverwirklichung.
  - Der Lieblingsitaliener ist dazu ein geeigneter Platz. Dort ist die Speisekarte nicht in Stein gemeißelt. Ausdrücklich gilt: Sonderwünsche werden erfüllt! Der Lieblingsitaliener will, dass sein Gast sich willkommen fühlt, und dieses Gefühl hört bei Sonderwünschen nicht auf. Im Gegenteil, er sieht es als eine schöne Art der Vertrautheit an.

→ **Unser Dolce-Vita-Tipp für alle Führungskräfte:** Fragen Sie sich, was Sie von Stufe eins bis fünf Ihren Mitarbeitern und Kunden bieten können. Und dann setzen Sie der Pyramidenspitze noch ein Krönchen auf: die guten Emotionen. Ihr Ziel sollte es immer sein, dass Menschen aus einem Gespräch mit Ihnen beflügelt hinausgehen, einzig weil sie erfahren haben: Sie sind der Mittelpunkt Ihres Denkens für eine Weile und was sie sich wünschen, werden Sie versuchen, nach Kräften zu realisieren.

Der Wert der Empathie für den Unternehmenserfolg

Wie gesagt: Wir verstehen das Dilemma auf den mittleren Führungsetagen in Unternehmen. Dort sind die Führungskräfte wie Katalysatoren zwischen Geschäftsleitung und Mitarbeitern. Es ist ihre Aufgabe, die unternehmerischen Strategien und Ziele zu abstrahieren und umzusetzen – Team und Kunden gleichermaßen zu begeistern. Von oben wird ein lückenloses Reporting erwartet, von unten das Verständnis für individuelle Bedürfnisse. In Kurzform bedeutet das: Die Geschäftsführung will Ergebnisse. Das Team will diskutieren, verstehen, sich einfinden in die Thematik. Und was will die Führungskraft selbst? Sie will Karriere machen, und zwar zack, denn die Konkurrenz sitzt schon im Nacken. »Also die Linie des Chefs verfolgen«, sagt sie sich und setzt – wie in den Szenelokalen, die wir eingangs beschrieben haben – die kühlen Zahlen vor die guten Emotionen. Und spätestens hier beginnt die Unsicherheit im Team: Die Mitarbeiter erkennen den Sinn des vorgegebenen Ziels nicht, haben keine Freude an den diktierten Aufgaben. Das interne Klima verschlechtert sich, Demotivation folgt. Das kommt auch der Geschäftsleitung zu Ohren und lädt ein zum Rapport – eine gefährliche Falle schnappt für die Führungskraft zu. Die besteht leider aus den immer gleichen Mustern:

- Die Führungskraft empfindet Druck von oben und unten, sie sieht keinen Fluchtweg aus dieser Sandwichposition.
- Denken und Handeln drehen sich nur noch um Fakten. Keine Zeit für Gefühle – meint sie.
- Sie beginnt, gedanklich um Probleme zu kreisen, sucht die Lösungen aber nur im Bereich des Wissens und der Logik.
- Sie klammert sich an Pläne und Strategien.
- Sie verliert ihre Kreativität.
- Sie verliert die Empathie für ihr Team. Die Antennen für die Wünsche der anderen sind deaktiviert.

- Sie verliert die geselligen Momente. Ihre soziale Eingebundenheit im Unternehmen leidet am Streben nach Leistung.

Am Ende steht die Erschöpfung. Wir finden, diese unsägliche Entwicklung innerhalb vielversprechender Karrieren ist hausgemacht.

Was Stanford verschweigt

Stellen Sie sich vor, hundert Nachwuchsmanager verlassen die Elite-Universität Stanford. Sie haben fünf Jahre lang von den renommiertesten Experten lernen dürfen, haben moderne Managementmethoden studiert und brennen nun darauf, mit diesem Wissen eine steile Karriere zu gestalten. Die Voraussetzungen, dass ihnen das gelingen kann, sind gegeben. Und doch wird es unterschiedliche Karrieresprünge geben und zudem ein unterschiedliches Gefühl von Zufriedenheit.

Ungefähr 90 von ihnen werden in einer Eins-zu-Eins-Manier umsetzen, was sie gelernt haben: Sie lassen 16 Stunden am Tag die linke Gehirnhälfte glühen, genau dort, wo sich Methoden, Logik, Sprache, Sachlichkeit, Reflexion, Erfahrung sammeln. Wahrscheinlich werden diese angehenden Spitzenführungskräfte zunächst viele Lorbeeren sammeln, denn sie verstehen es, mit Aufgaben zu jonglieren, ihre Mitarbeiter auf Leistung zu trimmen, Ziele in Höchstgeschwindigkeit zu erreichen. Nur: Sie überfordern dabei sich selbst und gleichzeitig die anderen. Irgendwann steigen die Mitarbeiter aus, weil sie nicht mehr die Wasserträger in diesem Rennen um den Spitzenplatz sein wollen. Der Nachwuchsmanager aber läuft weiter, kann nicht mehr stoppen, zu hoch ist sein Adrenalinspiegel. Er braucht den Kick. – Bis er erschöpft zusammenbricht, weil ihm Genuss und Mußestunden fehlten.

→ **Daher unser Dolce-Vita-Tipp:** Wir raten Ihnen, einmal am Tag alles Erlernte über Strategie und Erfolg zur Seite zu schieben und sich in Ihre rechte Gehirnhälfte vorzuwagen – dorthin, wo Fantasie und Gefühl zu Hause sind.

Rund zehn unserer Elite-Nachwuchsmanager werden genau das in ihrem Karriereplan berücksichtigen. Die lassen hin und wieder los von ihrem Denken um Zielerreichen und Wachstum. Sie trauen sich Gefühle zu! Damit werden sie nach der Dolce-Vita-Strategie vielleicht sogar erfolgreicher sein, auf jeden Fall aber werden sie gesünder leben. Sie werden offener sein für Modelle jenseits ihres Erfolgshorizonts, und mit diesem Seitenblick kann ihnen Vernünftiges, Verrücktes, Außergewöhnliches begegnen. Deshalb kommen wir noch einmal zurück auf unsere Metapher des Lieblingsitalieners und fragen nach: Was können Sie als Manager von den Kellnern dort lernen?

o Aufmerksamkeit für die Wünsche Ihres Teams
o erahnen, was der Kunde will
o Genuss vor Zahlen stellen

Wenn Sie nun denken, dass diese Art der Geschäftsführung aus der Mode gekommen sei, dann widersprechen wir Ihnen: Heute zu erkennen, was der Kunde morgen will, war nie moderner.

Wenn Amazon verkündet, es strebe ein innovatives Relationship-Programm an, dann meint Amazon damit Folgendes: Es will die Bedürfnisse seiner Kunden bereits befriedigen, bevor diese selbst davon wissen. Sorry, lieber Jeff Bezos, aber das ist nicht neu. Diese Strategie fährt der Lieblingsitaliener schon lange. Das ist das Substrat seines Geschäftsmodells! Nur geht er nicht wie Amazon auf digitalen Datenfang. Er erstellt auch kein algorithmisches Profil oder sammelt Geheimnisse in Silos, um die Kundengenketten zu entschlüsseln. Er sendet auch in naher Zukunft keine Drohne an die Privatadresse des Kunden, um ein Tiramisu auf seiner Terrasse abzuwerfen, weil genau diese Vorliebe sich aus den Daten generiert hat. Nein, all das macht der Lieblingsitaliener nicht – und dennoch weiß er um die zukünftigen Wünsche der Kunden.

Wie gelingt ihm das ohne Apps und andere digitale Sammelpunktesysteme? Ganz einfach durch Blickkontakt, Beobachtung, Reflexion und kluge Kombination aller Informationen. Durch Aufmerksamkeit, Erfahrung und durch das perfekte Zusammenspiel im Team. Durch Lesen der Mikromimik, durch Deuten des Hautwiderstands, durch Sprache von Mensch zu Mensch. Das ist nur in der analogen Welt möglich.

Und doch ist Ihr Lieblingsitaliener ein Vollblutunternehmer. Ihm muss der Spagat gelingen, den Kunden Gaumengenuss zu bieten und doch schwarze Zahlen zu schreiben. Das mag für einen Italiener eine große Herausforderung sein, denn mit seiner Mentalität zu spontanen Entscheidungen übersieht er bisweilen die langfristige Konsequenz seines Handelns. Er ist also gut beraten, hin und wieder die Rolle des empathischen Gastgebers zu verlassen und sich zu fragen, ob er kostengeschickt agiert und ob er alle modernen Kanäle der Kundenbindung bedient wie Website, digitales Gästebuch, Bildgalerie und Accounts für Lob und Likes in den sozialen Medien. Er wird sich für gesellschaftliche Projekte engagieren und für den nachhaltigen Schutz der Umwelt eintreten. Er wird sich Tag für Tag fragen, ob er gemäß seiner Vision handelt und sein Unternehmen irgendwann an die nächste Generation übergeben kann. Allerdings – und das unterscheidet ihn oft von anderen – macht ihn diese Rolle nicht starr, verbissen und drückt ihm keine Ellbogenmentalität auf. Nein, er bleibt, was er ist: ein Menschenfreund. Es kann sein, dass er am Ende des Essens Sie als Stammgast fragt: »Darf es noch ein Tiramisu sein?« Und wenn Sie zögern, dann schiebt er nach: »Das geht aufs Haus.«

Kleine Dessertlehre

Löffelbiskuits, Mascarpone, Espresso und Kakao, das sind die Ingredienzien für das beliebteste Dessert von Modena bis Rom. Es fehlt auf keiner Speisekarte in einem italienischen Restaurant, wo auch immer auf der Welt Sie sich befinden. Tiramisu ist sein Name, und dieser Name ist Programm. Sanft, süß, anregend, so beschreiben die Chefs de Cuisine den Geschmack, und wenn Sie ihnen in die Augen sehen, dann erkennen Sie das Schwärmen.

Um den Namen dieses Desserts ranken sich Mythen. Wir stellen Ihnen eine vor, die uns plausibel erscheint. Dazu gehen wir zurück ins Jahr 1940. Damals soll ein Gast in der Trattoria »Al Vetturino« in Pieris beim Kosten dieser Speise ausgerufen haben: »Ottimo, ci ha tirato su!« – »Ausgezeichnet, das hat mich hochgezogen!« Der Wirt freute sich über dieses Lob und schrieb fortan »Tirami su« in die Speisekarte. Damals bestand die Creme noch aus Zabaglione, Eigelb und zypriotischem Wein, einer Leckerei, der eine aphrodisierende Wirkung nachgesagt wurde. Durchgesetzt aber hat sich die Süßspeise in der heutigen Form, die erstmals 1971 von einem italienischen Patissier in Treviso kreiert wurde. Nach wie vor versüßt sie das Essen, und die Laune sowieso. Sie ist ein Dessert, das auf der Zunge zergeht und die Geschmacksnerven streichelt.

→ **Der Dolce-Vita-Tipp:** Geben Sie immer eine Extraportion Großzügigkeit obendrauf. Das honoriert Ihr Kunde mit Treue. Er wird wiederkommen, weil er weiß, dass Sie in erster Linie um sein Wohlergehen bemüht sind und erst in zweiter Linie an den Umsatz denken. Eine langfristige Strategie der Kundenbindung beginnt mit dem Buhlen um Aufmerksamkeit und einem für jede Branche gültigen Satz: Ich erkenne dich und ich schätze dich.

Tiramisu oder: Ich ziehe mich hoch

Wir haben Ihnen eine kreative Methode versprochen, darauf kommen wir nun zurück. Angelehnt an die Bedeutung des gleichnamigen Desserts – *Tiramisu oder: Ich ziehe mich hoch* – wollen wir Ihnen eine Leichtigkeit im Handeln zurückgeben, indem wir Ihre Stressgedanken für zehn Minuten unterbrechen und Sie stattdessen die Süße des Tages nachschmecken lassen. Und das Gute an dieser Methode ist: Sie trainieren Ihre Empathie. Wir haben diese Methode auf der Grundlage der Positiven Psychologie entwickelt, die sich einst aufmachte, schöne Gedanken zu lehren, statt im Sumpf des Mangels zu versinken.

Seit Martin Seligman in den 1990er-Jahren die Positive Psychologie salonfähig gemacht hat, wissen wir nämlich eines: Glücksmomente können Sie herbeidenken! Die Positive Psychologie geht davon aus, dass Glück nicht durch Abwesenheit von Unglück entsteht, sondern dass Glück aus bewusst gelebten Momenten aufblinkt, optimalerweise in Gesellschaft warmherziger Menschen. Martin Seligman sagte dazu: »Ich habe mein Leben mit der Arbeit an extrem unglücklichen Leuten verbracht und habe mich gefragt: Wie unterscheiden sich extrem unglückliche Leute vom Rest von uns? Und seit sechs Jahren erkundigen wir uns nach extrem glücklichen Leuten und wie sie sich vom Rest von uns unterscheiden. Und es zeigt sich, dass es eine Art und Weise gibt. Sie sind nicht religiöser, sind nicht besser in Form, sie haben nicht mehr Geld, sie sehen nicht besser aus, sie haben nicht mehr gute und weniger schlechte Ereignisse. Die eine Art, auf die sie sich unterscheiden: sie sind extrem gesellig. Sie sitzen am Samstagvormittag nicht in Seminaren. [...] Sie verbringen ihre Zeit nicht allein. Jeder von ihnen ist in einer Liebesbeziehung und jeder hat einen reichhaltigen Vorrat an Freunden« (2004 in einem Vortrag). In diesem Sinne verstehen wir unsere Tiramisu-Methode. Wir wollen Sie ermuntern, Ihren Fokus auf die Lebensfreude zu richten. Diese Perspektive setzt auf die Kraft eines jeden Menschen, sich selbst mit fröhlichen Gedanken hochzuziehen und die Augen für eine Weile vor den Problemen zu verschließen.

Die Tiramisu-Methode

Es ist wichtig, dass Sie besonders in Problemsituationen Abstand gewinnen. Lösungen können Sie nicht herbeizwingen. Nach italienischer Art ist es wirkungsvoller, sich wieder und wieder in eine gute Emotion zu bringen und sich zu sagen: »Ich genieße mein Leben.« Was Sie dazu benötigen, ist nicht viel: Es ist Ihre Bereitschaft zu entspannen und zudem eine Portion Humor, die Ihren Problemen die Schärfe nimmt. Sie können die Übung in Gesellschaft genießen, aber auch allein zu Hause wird sie gelingen. Wichtig bleibt, dass Sie sich selbst liebevoll und mitfühlend begegnen – genau in diesem Moment verlassen Sie das Feld des Leistungsdenkens, treten ein in die rechte Gehirnhälfte und damit in den sensiblen Bereich der Gefühle.

- **Das Problem kleindenken:** Gerechnet an allen Problemen dieser Welt ist Ihres nur ein Sternenstaub im Universum. Ordnen Sie ihm die niedrigste Priorität zu. Das bedeutet: Es wird verschoben. Jetzt öffnen Sie den Gedankenraum für das, was Ihnen guttut, zum Beispiel das Genießen eines Tiramisu.
- **Riechen, Fühlen, Schmecken:** Nehmen Sie nun gedanklich den ersten Bissen Tiramisu in dem Mund. Erinnern Sie sich an die espressodurchtränkten Biskuits, die zarte Creme, die bittere Note des Kakaos? Gehirnforscher haben herausgefunden, dass die Fantasie dieselbe Chemie im Kopf erzeugt wie die Realität. Als Schlussfolgerung gilt: Sobald Sie sich schöne Gefühle vorstellen, wird Ihr gesamter Stoffwechsel darauf reagieren.
- **Denken Sie ausschließlich an die Gegenwart:** Sie genießen jetzt. Sie sind jetzt achtsam. Sie entspannen jetzt. Was später sein wird, interessiert Sie nicht. Sie nehmen nur wahr, was in den nächsten Sekunden passiert. Wo entsteht Wärme? Und wo entspannen sich Ihre Muskeln? Wann lächeln Sie? Und wann schlagen Sie die Augen wieder auf?

Beenden Sie diese Übung mit einem Blick auf die Menschen um Sie herum, die Sie schätzen. Das gibt Ihnen das gute Gefühl, der sein zu dürfen, der Sie sind.

Es gilt das Motto des Renaissancedichters Giovanni Boccaccio: »Es ist besser zu genießen und zu bereuen, als zu bereuen, dass man nicht genossen hat.«

Internet

https://www.ted.com/talks/martin_seligman_on_the_state_of_psychology?language=de. [15.09.2017]

MEHR ZEIT FÜR DICH

Kapitel 7
Zeitmanagement auf Italienisch

Das Ticken der Zeit

Zeit ist endlich. Diese Einsicht ist so alt wie der Versuch der Menschen, sie zu messen. Bis ins hohe Mittelalter hinein versuchte man, der Zeit mithilfe von Sonnen-, Wasser-, Öl- und Kerzenuhren einen Rhythmus zu geben, allerdings war dieser Versuch von Ungenauigkeiten geprägt. Der Stab der Sonnenuhr warf nur bei Licht einen Schatten, das Tropfen der Wasseruhr bedurfte des ständigen Nachfüllens von Flüssigkeit, und das Wachs der Kerzen schmolz ungleich dahin. Das änderte sich mit der Erfindung der mechanischen Uhr um 1300 nach Christus. Da nämlich tickten die Minuten im Gleichmaß dahin, da wurde Zeit spiralfedergetrieben und für jeden sichtbar. Die vermutlich erste dieser Uhren brachten Handwerker an der Kirche San Gottardo in Mailand an. Täglich schlugen ihre Glocken 24-mal, und so mancher Bürger mochte diesen Klängen entzückt gelauscht haben.

Aber aus dem Spiel wurde ernst. Mit der mechanischen Uhr wurde Pünktlichkeit zur Tugend. Bald gab es viele solcher Uhren in England, Frankreich, Deutschland; auch die Königshäuser fanden Gefallen daran. Die Uhr war das neue Symbol für Status. Bis sie in den Bürger- und Bauernhaushalten ankam, sollten noch mehr als einhundert Jahre vergehen. Erst als die Menschen bezweifelten, dass die Erde eine Scheibe sei, als sie sich eigene Gedanken über Vergangenheit, Gegenwart und Zukunft machten, wuchs auch in ihnen die Sehnsucht, Herr über die eigene Zeit zu sein. Da wollten die Menschen nicht länger die Köpfe in den Nacken biegen, um ein Ziffernblatt auf Kirchturmuhren zu lesen, nein, sie wollten selbst planen und das Ticken der Zeit in ihrer Nähe wissen.

Während Christoph Columbus 1492 aufbrach, um die Zeitzonen zu durchbrechen und die Rundheit der Erde zu beweisen, begannen Handwerker damit, die Zeitinstrumente zu verkleinern. Zwar musste sich Columbus auf seinen Reisen noch nach dem Stand der Sonne und dem Lauf des Mondes richten, aber bald schon sollte ein Nürnberger Werkzeugmeister die Miniatur der Uhren ersinnen. Im Jahre 1510 schloss er sich mit der Idee in seine Werkstatt ein, die Zeit für jedermann zu bauen, sie von den Gotteshäusern herunterzuholen und immer weiter zu verkleinern, bis sie in die Winkel aller Häuser passen würde, im besten Falle sogar in die Taschen der Bürger zu stecken wäre. Und heraus kam ein kleines, verziertes Kunstwerk – die Taschenuhr. Vielleicht hätte Columbus sich mit diesem Instrument in der Hand damals nicht verirrt und wäre (wie ursprünglich erwartet) in Indien gelandet. Wir wissen es nicht. Fest aber steht: Als die Uhr für jedermann tragbar wurde, gewannen die Pflichten und Freuden des Alltags an Tempo. Plötzlich war da Struktur im Tag. Man fühlte sich modern und weltoffen und hatte eine Vorstellung vom Wert der Zeit und der Größe der Welt. Die Uhr in der Hand war das Sinnbild dafür.

Die erste Taschenuhr war eine Erfindung, die ein Italiener nicht besser hätte leisten können – vielleicht wäre das Design gefälliger gewesen. Aber die Technik, das geben wir unumwunden zu, war ein Qualitätszeichen für deutsches Handwerk, und sie sollte sich in Quantensprüngen fortführen. Heute können wir dank Einstein die Krümmung von Raum und Zeit berechnen, können in Lichtgeschwindigkeit das Universum zumindest teilweise begreifen. Längst berechnen wir die Vergänglichkeit nicht mehr im mechanischen Takt. Nein, wir sind fähig, die Zeit mithilfe der Atomuhr darzustellen. Die teilt die Stunde nicht in 60 Sekunden ein, sondern die Sekunde in neun Milliarden Schwingungen! Damit nicht genug, als Nächstes soll eine optische Uhr das noch toppen. Wir fragen uns, warum der Takt derart getrieben wird: Das Universum existiert 14 Milliarden Jahre. In dieser Zeit würde eine optische Uhr 100 Sekunden nachgehen (s. http://www.spiegel.de/wissenschaft/technik/braunschweig-forscher-arbeiten-an-der-praezisesten-uhr-der-welt-a-1105821.html).

Ruhe suchen

Perfektion mag die Zeitwissenschaftler faszinieren. Uns nicht. Wir sind stolz auf die stylische Uhr am Handgelenk, auf der eine Sekunde noch eine Sekunde ist und keine Schwingung von neun Milliarden. Denn wir finden: Das Hecheln der Zeit ist für den Einzelnen schädlich. Einen Italiener interessiert der Verlust einer Sekunde gemessen an der Ewigkeit nicht. Sich darüber den Kopf zu zerbrechen, würde seinen Genuss schmälern; überhaupt hat die Ewigkeit für ihn eine andere Dimension, die sich zum Beispiel in der Kunst widerspiegelt. Wenn Rom als ewige Stadt gilt, dann deshalb, weil wir dort Vergangenheit atmen und sie vermischen mit der Lebenslust der Gegenwart. Dann bleiben wir stehen vor den Apsis-Mosaiken in frühchristlichen Basiliken, bewundern die dargestellte Typografie des Alten und Neuen Testaments. Wir sehen Smaragde und Goldplatt zwischen Marmorsteinchen glitzern und bewundern die Handfertigkeit damaliger Künstler, die über das Heute in die Zukunft hinausstrahlt. Dann inhalieren wir diese Stille in den Kirchen. Das unaufgeregte Ticken der Armbanduhr stört diesen Moment nicht.

Wie wäre es, wenn Sie die Ruhe nicht in den Basiliken Italiens finden würden, sondern tagtäglich für eine gewisse Zeit in Ihrem Alltag? Vermutlich kommt Ihnen dieser Gedanke verführerisch vor. Nur fehle die Zeit, mögen Sie einwenden. Nein, entgegnen wir: Sie ist nur überfrachtet mit Dingen, die Sie belasten.

Philosophisch gesehen wird Ihnen die genaueste Uhr der Welt keine Antwort auf die meistgestellte Frage liefern: Wie kann ich meine Lebenszeit zufrieden und glücklich gestalten? Oder andersherum: Wie bringe ich genau das, was für mich zählt, in dem Lebensfenster unter, das sich mit jedem Jahr ein wenig weiter schließt? Diese Frage stellen sich gestresste Menschen, wenn sie das Gefühl haben, die Zeit rinnt durch ihre Finger hindurch. Sollten auch Sie unter Zeitknappheit leiden, dann sind Sie damit nicht allein, denn das Thema Zeit ist universell. Überall auf der Welt ist es von hoher Sensibilität. Überall wissen Menschen um die Endlichkeit dieser Ressource. Man könnte denken, jeder sei daher um eine von Leichtigkeit geprägte Planung bemüht. Mitnichten. Menschen aller Nationen rasen ihrer eigenen Zeit davon und nehmen die Nebenwirkungen dieser Hast billigend in Kauf. Irgendwann nämlich überholt die Zeit ihre Kraft, und dann brechen sie zusammen, niedergedrückt von ihrer Atemlosigkeit.

Das dauerhafte Rennen gegen die Zeit kann zur Lebensgefahr werden. Zwar ziehen Terminstruktur, Zeitplanung und Pünktlichkeit den Rahmen um einen erfolgreichen Berufstag, bei genauer Betrachtung aber gilt: Wer zu 100 Prozent seine Zeit verplant, für den wird Zeitplanung zum Stressinstrument.

Druck der Termine

Wir haben kleine, mittelständische Unternehmen sowie Konzerne hinsichtlich der gewählten Zeitplanung untersucht. Begegnet sind uns meist Methoden nach Eisenhower, also die Dinge zwischen »wichtig«, »unwichtig«, »dringlich« oder »zu vernachlässigen« zu unterscheiden. Auch das Setzen von Prioritäten, das Managementlehrbücher empfehlen, ist aktuell. Dann werden Aufgaben nach folgendem System kategorisiert: Priorität A bedeutet »sofort erledigen«, Priorität B bedeutet »verschieben«, Priorität C wird »delegiert«. Daneben gibt es To-do-Listen, die spaltenweise abgehakt werden. Das alles mag sinnvoll sein. Jede Methode hat ihre Berechtigung und ist gut, solange Sie sich damit wohlfühlen. Denn der Termindruck, unter dem viele leiden, ist unabhängig von Methoden, er beruht einzig auf einem Überstrapazieren der Zeit. Sehen wir einmal genauer hin.

Generell gilt: Je verantwortungsvoller die Aufgaben sind, desto enger getaktet ist der Terminkalender. Nun könnte man denken, dass Manager auf höchster Ebene einen Stab von Referenten, Assistenten, Berater beschäftigen. Ja, das ist richtig. Man könnte weiter denken, dass sie alle es als vordringlichste Aufgabe ansehen, den Chef zu entlasten. Nein, das ist nicht richtig. Nach unseren Beobachtungen herrscht in den Vorzimmern vieler Vorgesetzter sogar ein Assistenten-Egoismus. Sorry für diese Ehrlichkeit. Wir wollen Ihnen dafür auch gleich die Gründe liefern. Jeder Mitarbeiter eines Chefs verfolgt eigene Karrierebestrebungen. »Je gefragter der Chef ist, desto mehr rückt mein Aufgabenbereich in den Mittelpunkt, desto eher wippt mein Sprungbrett auf die nächste Stufe«, so oder ähnlich mag der Assistent denken und munter Termine vereinbaren, Vorverhandlungen führen, Unterlagen erstellen, Fragen beantworten und seinen Namen im Spiel halten.

Die Quintessenz ist, dass die Vorzimmer heute keine Terminstopper mehr sind, sondern Termintreiber! Auf diese Weise macht sich der Assistent unentbehrlich – und der Chef schlittert über kurz oder lang in eine Hilflosigkeit durch das überengagierte Zeitmanagement der anderen. Kommt Ihnen das bekannt vor? Wir wissen, dass diese Wahrheit eine unattraktive ist – genau deshalb sprechen wir sie an.

Bei Termindruck kennen wir kein Pardon. Wir rufen Ihnen nicht in gewohnter Lässigkeit zu: »Weiter so. Es wird schon gut gehen.« Normalerweise denken Italiener zuerst positiv, und erst an zweiter Stelle gehen Sie Problemen kritisch auf den Grund. Hier wäre diese Reihenfolge kontraproduktiv, denn Zeitstress auf Dauer macht Sie krank. Kann es sein, dass in den letzten Monaten der Darm grummelte, der Nacken schmerzte, die Ohren pfiffen? All das sind psychosomatische Malaisen, die den Beginn eines Teufelskreislaufs markieren. Wir werden sie im nächsten Kapitel genauer untersuchen. Erst einmal geht es uns um die einfache Erkenntnis, dass Sie selbst nicht mehr Herr Ihrer Zeit sind. Sie haben die wertvolle Ressource in fremde Hände gelegt. Konkret heißt das: Sie übernehmen Termine, die andere für Sie planen. Sie überhören Ihre innere Stimme, die zur Ruhe mahnt, und rennen weiter und denken: »Nur keine Schwäche, keine Hilflosigkeit zeigen; Erfolg hat, wer stark erscheint.« Das haben Sie bereits in der Kindheit geübt.

In Deutschland wird früh gelernt, dass Termine von anderen vorgegeben werden und der eigene Zeittakt kaum zählt. Getrieben vom Ehrgeiz der Eltern und der Rahmenplanerfüllung der Lehrer, geraten Schüler früh in die Leistungsmühle und zerreiben ihre Energie zwischen Aufgaben, die sie nicht lieben, zwischen Terminen, die andere setzen. Niemand, der hinsieht, wann eine individuelle Ruhe nötig ist, um die Kreativität groß werden zu lassen. Niemand, der erkennt, wo persönliche Stressgrenzen verlaufen. In der Schule stehen 45 Minuten Konzentration fünf Minuten Pause gegenüber. Es macht uns traurig, dass bereits Kinder ausbrennen, einzig weil Politiker entscheiden, ein Abitur müsse in acht statt neun Jahren erreicht werden. Dieser Druck verfestigt sich mit den Jahren in der Universität und im Business.

Das ist in Italien anders. Dort nimmt man den Kindern die Leichtigkeit nicht, weil das Spielen mindestens so viel zählt wie das Lernen. Italienische Eltern vergessen nie, die Kinder zu streicheln, wenn sie vom Lernen müde sind und ihnen zu sagen: »Mach mal eine Pause, geh spielen, und später helfe ich dir.« In Deutschland hingegen lautet der Plan: »Erst die Hausaufgaben, dann das Üben, und wenn Zeit bleibt, darfst du spielen.« Diese Muster setzen sich in den kleinen Gehirnen fest, und man muss kein Psychologe sein, um zu erkennen, welches Kind seinen Zeittakt den Ansprüchen der anderen opfert. Und genau diese erlernte Hilflosigkeit wollen wir mit einem Satz durchbrechen, den die britische Ärztin und Begründerin der Palliativmedizin, Cicely Saunders, einst sagte: »Es geht nicht darum, dem Leben mehr Tage zu geben, sondern dem Tag mehr Leben.«

Dieses Zeitbewusstsein können Sie sich antrainieren. Vielleicht funkt in den ersten Tagen das schlechte Gewissen mehrfach dazwischen. Vielleicht denken Sie, das würde Ihrer Karriere schaden, weil Sie von Kind an gelernt haben, wie wichtig es ist, stets präsent zu sein, genau das zu erfüllen, was andere verlangen. Vielleicht wird es Sie sogar eine Menge Kraft kosten, konsequent Ihren täglichen Freiraum zu planen. Das ist normal. Eine Veränderung geschieht nicht auf einen Fingerschnipp, sie bedarf der Disziplin – und manchmal einer Abwehr gegen alte Strukturen.

→ **Unser Dolce-Vita-Tipp:** Lehnen Sie sich mindestens einmal täglich im Stuhl zurück und rufen Sie Ihrem Assistenten, Partner, Berater zu: »Ich habe Zeit, Zeit für mich. Bitte in der nächsten Stunde nicht stören.« Und dann nutzen Sie diese Zeit für das, was Sie mögen.

Schraffierte Flächen für Träume

Als wir mit einem Manager eines weltweit agierenden Konzerns über seine Verantwortung sprachen, fiel uns seine Gelassenheit auf. Er plauderte über seine Dienstreisen, über sein Pendeln zwischen Japan und Deutschland, über seine Verhandlungserfahrung in den USA. Er erzählte vom digitalen Change, den er mit 25 000 Mitarbeitern anstrebte, und wir sahen dabei sein Leuchten in den Augen. Er schien ein wahrer Terminjunkie zu sein, und wir suchten nach Symptomen von Stress in seinem Gesicht und fanden – nichts. Vom Typ her war er ein Ristorante-Typ, der zu fragen schien: Gibt es Neues auf der Speisekarte? Her damit, ich will es testen. Das strahlen weltoffene Menschen wie dieser Manager aus jeder Pore aus. Sie sind neugierig, wissensbeflissen, und man bestaunt ihre Kondition.

Agilität und Flexibilität seien die Schlagwörter für eine Karriere, reüssierte er, und da hakte Alessandro nach: »Wie halten Sie sich fit zwischen Jetlag und wechselnden Kulturen?«

»Eine gute Frage, ich habe sie mir selbst schon gestellt. Da ich weder meditiere noch progressive Muskelentspannung praktiziere, kann es nur an einem liegen.« Hier machte er eine Kunstpause, um die Spannung auf seine Antwort zu erhöhen. »Meine Methode ist einfach, fast zu einfach, um wirkungsvoll zu sein. Ich nenne sie *die schraffierte Fläche*. Und das geht so: Meine Assistentin blockt jeden Dienstag drei Stunden für mich. Meine persönliche Zeit. In diesen drei Stunden bin ich nicht erreichbar. Kein Handy, keine E-Mails, keine Besuche.«

Loredana zog die Augenbraue hoch und rutschte auf ihrem Stuhl nach vorn. »Genau das ist meine These: sich mindestens einmal in der Woche eine Zeit zum Träumen zu reservieren.«

Der Konzernmanager lächelte: »Zeit zum Träumen, ja das klingt gut. Genauso handhabe ich das. In diesen drei Stunden könnte sich die Erde um einen Spalt öffnen, ich würde bei mir und meinen

Gedanken bleiben. Nichts bringt mich davon ab, bis auf zweierlei: erstens, wenn mein Haus abbrennt oder zweiten, sich mein Sohn die Knie aufschlägt. Dann darf die Assistentin den Notrufknopf drücken. Alles andere ist unwichtig, selbst der Millionendeal bei der Übernahme einer Konkurrenz. So heilig sind mir diese Stunden an jedem Dienstag.«

Wir fragten nach, was er in dieser Zeit unternähme, und er zuckte mit den Schultern: »Alles und nichts. Es kommt darauf an, wonach mein Herz sich sehnt. Nach Ruhe im Wald oder nach einem Treffen mit Freunden, vielleicht auch nach einer halben Runde Golf. Egal, ich verplane die Zeit nicht, sie ist einfach nur der Luxus der Spontaneität. Das nämlich verlernen wir aktuell, und das tut unserer Seele nicht gut.«

Keine Chance den Monstern

Das Gespräch mit diesem Manager hallte noch lange nach. Uns beeindruckte die Einfachheit seiner Methode. Flächen zu schraffieren, so fanden wir, hat etwas von Eigensinn. Hier werden keine vollmundigen Ratschläge gegeben, wie ein Manager zwischen Terminen entspannen kann, wie er seine Nerven schont, um später mit doppelter Kraft loszulegen. Zu oft nämlich landen genau diese Entspannungsstrategien in einem weiteren Druck. Meditation, Malen, Sport und Spaß mutieren dann zu weiteren Programmpunkten am Tag. Wir erkennen sogar eine boomende Entspannungsbranche, die nur eines im Fokus hat – Ihre Zeit! Es hat sich längst herumgesprochen, dass Stress in vielen Unternehmen herrscht und dass Führungskräfte bereit sind, tief ins Portemonnaie zu greifen, um Ruhe zu finden. Man lockt sie bis in die entlegensten Ecken dieser Welt, bietet Safari, Dschungelwandern oder Schweigen im indischen Kloster an. Man lässt sie mit Pferden flüstern oder überredet sie zu einem Bungee-Jump von einer Brücke in Neuseeland. Was immer man ihnen verspricht, sie werden empfänglich sein, wenn sie Zeitdruck empfinden und sich Freiheit erhoffen – und sie werden enttäuscht sein, wenn kein Versprechen am Ende wirkt. Deshalb möchten wir früher ansetzen, viel früher, indem wir zunächst einmal hinsehen, wo die Zeitfresser liegen, die den Führungskräften das Leben erschweren. Meist werden Telefon, E-Mail, Meetings und Störungen identifiziert. Wir bitten Sie, tiefer zu blicken, denn solche Zeitfresser sind nur die Spitze des Eisbergs. Unter der Oberfläche befinden sich weit größere Monster, genährt durch folgende Tätigkeiten oder Angewohnheiten.

Sie vertiefen und verhaken sich in Strategien. Der Drang zum Perfektionismus ist in Deutschland groß, weil mit Expertenwissen und Fehlervermeidung das Ansehen steigt. Wir finden jedoch, eine Strategie muss nicht jede Facette vorausschauend beleuchten. Sie darf mit den Umständen in den Unternehmen wachsen. Das hält das Klima lebendig, weil nichts in Stein gemeißelt ist.

Sie stopfen jede Informationslücke in der Präsentation. Eine Präsentation muss wasserdicht sein, sagen sich viele Führungskräfte, um späteren Einwänden mit den Worten begegnen zu können: »Ja, das habe ich doch bereits gesagt.« Wie oft hören wir diesen Diskussionskiller. Schade, denn er dämmt die Gedanken der anderen auf ein Nicken ein. Überlegen Sie einmal, wie viel Zeit Sie sich sparen könnten, wenn Sie sich für Lücken in der Präsentation entschieden und Ihre Zuhörer mit den Worten einlüden: »Und jetzt diskutieren wir gemeinsam über das, was Ihnen zu diesem Thema einfällt.«

Sie schieben den Humor in den hintersten Winkel der Schreibtischschublade. Die Antagonisten von Humor sind Sturheit und Verbissenheit. Beide entstammen dem Bereich der dunklen Emotionen. Man beharrt auf seinem Argument, zieht Grenzen im Denken. Keine Leichtigkeit ist mehr möglich, weil es nicht um die gemeinsame Sache geht, sondern um das einsame Siegen. Äußerlich und innerlich verkrampft die Stirn, wenn Sturheit und Verbissenheit wirken, und das Ergebnis ist zum einen die unschöne Steilfalte auf der Nasenwurzel, zum anderen sind es Gedanken wie: »Wenn ich nicht fertig werde, denken die anderen, ich sei in dieser Sache unzuverlässig und nicht kompetent.« Achtung: Das gute Gefühl des Erfolgs kommt Ihnen dabei abhanden!

Sie halten unter allen Umständen an Ihrem Image fest. Sie verlangen viel von sich selbst, denn Sie wollen ein Vorbild sein. Sie pflegen Ihr Image als gerechter, weitsichtiger, wohlwollender Chef. Sie unterstreichen Ihre Glaubwürdigkeit und Kompetenz auf jeder Linie. Dieses Image haben Sie sich hart erarbeitet, keine Frage, aber seien Sie einmal ehrlich: Das ist anstrengend. Wer immer perfekt sein will, der überspannt seinen Leistungsbogen. Lassen Sie lieber locker, seien Sie nicht selbst Ihr strengster Kritiker. Kleine Risse im Charakter finden wir markant. Stehen Sie dazu. Das ist authentisch und ungemein entlastend. Geben Sie hin und wieder zu: »Es reicht. Ich habe keine Lust, keine Zeit, kein Interesse.«

Wir haben sogar festgestellt, dass sich in diesem Augenblick des Zurücklehnens die Perspektiven verschieben, und zwar fort von den eigenen Aufgaben und hinein in die Peripherie. Dann werden plötzlich Zusammenhänge deutlich, die Ihnen nicht aufgefallen wären, hätten Sie die Augen über Ihre Strategie gesenkt. Ein Vertriebsleiter sagte uns den bemerkenswerten Satz: »Mein Erfolg beruht zu 30 Prozent auf dem Erkennen von Zufällen. Die zu sehen, das macht meinen Vorsprung aus.« Ein wahres Wort. Hätte Columbus an seiner Route festgehalten und sich nicht treiben lassen, wäre er in Indien gelandet und Amerika wäre noch lange ein versteckter Kontinent geblieben ...

Sie sind bereit, Ihre Freizeit zu schmälern. Druck hat die Eigenschaft, dass er sich exponentiell mit dem Einsatz von Energie erhöht. Was mir damit meinen, ist Folgendes: Sobald Sie merken, dass Sie mehr Termine als Zeit im Kalender vorfinden, erhöhen Sie Ihren Einsatz. Sie wollen quasi die Zeit überholen.

Achtung: Hier beginnt der Energieraub. Erst opfern Sie die Freizeit den Aufgaben, dann knapsen Sie die Schlafenszeiten ab. Sie geraten geistig, psychisch, physisch in eine Disbalance. Stoppen Sie hier! Ihre freie Zeit steht nicht zur Disposition.

→ **Unser Dolce-Vita-Tipp:** Machen Sie eine Pause, bevor Sie schwitzen. Und beachten Sie die Erkenntnis eines großen italienischen Mannes: Vilfredo Pareto. Mehr dazu erfahren Sie auf der nächsten Seite.

Hommage an Pareto

Vilfredo Pareto, ein Ökonom und Freund der Statistik, brachte Verwunderliches ans Tageslicht, als er um 1900 die Boden- und Vermögensverhältnisse Italiens untersuchte. Rund 20 Prozent der Bevölkerung besaßen 80 Prozent Boden und Vermögen. Die Wissenschaft horchte auf. Politiker und Unternehmer ebenso. Ein kleiner Teil der Gesellschaft sollte den allgemeinen Wohlstand stemmen? Ja. Bis heute gilt die Strahlkraft dieser 80/20-Regel, mehr noch, sie hält Einzug in zahlreiche Projektstrategien, in Erfolgsdefinitionen und macht selbst vor der Zeitplanung nicht Halt.

Wir finden diesen Italiener großartig und leihen uns seine Formel als wissenschaftliche Bestätigung unserer Dolce-Vita-Strategie, denn sie ist wie ein Versprechen für Glück bei minimalem Einsatz – was für ein Vermächtnis!

Als wir darüber philosophierten, haben wir den Wert von Paretos Entdeckung in Gänze erkannt. Loredana bemerkte, dass seine 80/20-Regel sogar auf ihren Schuhschrank anzuwenden sei. Von ihren 100 Paar Schuhen trage sie lediglich 20 Prozent. Alessandro zog bei dieser Vorstellung die Stirn in Denkerfalten und rechnete nach, wie viel Geld sie hätte sparen können, hätte sie die übrigen 80 Paar nicht gekauft. Loredana, nun auf Abwehr eingestellt, fand, dass Alessandro seine Hemden ebenso nach dieser Regel nutze, weil er sich stets zwischen wenigen Lieblingsstücken entschied. Gleichstand.

Lächelnd übertrugen wir die Regel auf das Business und waren uns sofort einig: Den größten Teil unserer Zeit und unseres Sachverstands sollten die Kernkunden erhalten. Nicht das Verlieren in Kaltakquise bringt den Nutzen, sondern das Hinwenden zu den treuen Kunden macht ein Unternehmen erfolgreich, und das sind nach Vilfredo Pareto rund 20 Prozent.

Sie können es drehen und wenden, wie Sie möchten, immer werden Sie feststellen: Gute Ergebnisse sind nicht das Resultat von hohen Zeit- und Geldeinsätzen. Vielmehr ist es die bewusste Entscheidung, mit wenig Aufwand an der Stellschraube zu drehen, die den größten Wirkhebel erzielt. Rennen Sie also nicht durch den Tag, haken Sie nicht die Aufgaben ab, die man Ihnen vorlegt und, um Himmels willen, perfektionieren Sie nicht Ihre Arbeit. Deshalb bitten wir Sie, sich im Sinne von Pareto täglich Ihren Plan mit Sinn und Emotion anzusehen und sich zu fragen:

- Was sind meine persönlichen Quick-Wins des Tages?
  Konkret: Beginnen Sie mit der Aufgabe, mit der Sie in geringer Zeit das bestmögliche Ergebnis erzielen.
- Welche Aufgaben kommen Ihrer Kompetenz am nächsten?
  Konkret: Bevorzugen Sie die Aufgaben, die Ihnen Freude machen, und legen Sie dort Ihre Energie hinein.
- Welche Aufgaben bilden am Ende des Tages einen diffusen Rest?
  Konkret: Tilgen Sie Aufgaben ohne Relevanz für Ihre Zielerreichung und delegieren Sie Aufgaben, die Sie nicht lieben.
- Wo soll heute Ihre schraffierte Fläche sein?
  Konkret: Gönnen Sie sich täglich bewusst Zeit für schöne Gedanken, gute Gefühle, ein Zurücklehnen, ein Loslassen, ein Lachen.

Der Dolce-Vita-Zeitblock

Um sich dieser italienischen Zeitplanung anzunähern, bitten wir Sie zu einer kurzen Kreativübung:
- Nehmen Sie sich Papier und Stift zur Hand.
- Teilen Sie das Blatt durch einen Längsstrich in zwei Teile.
- In den linken Teil zeichnen sie ein kleines Rechteck mit der Überschrift *20 Prozent*. In den rechten Teil zeichnen Sie ein viermal so großes Rechteck mit der Überschrift *80 Prozent*.
- Nun blicken Sie auf Ihren Tagesterminplan. Was ist die wichtigste Kernaufgabe, mit der Sie heute einen spürbaren Erfolg generieren werden? Schreiben Sie das in Ihr Rechteck auf der linken Seite. Prima. Damit ist Ihr Tageswerk gesichert. Sie haben damit den wichtigsten Teil des Tages geplant. Wir vermuten, da es sich um Ihre Kernkompe-

tenzaufgabe handelt, werden Sie diese Aufgabe sowieso lieben. Sie werden vielleicht sogar Zeit und Raum ausblenden und in einen Flow geraten. Fantastisch. Glückwunsch.

- Bevor Sie nun die übrigen Aufgaben in die große freie Fläche auf der rechten Seite sortieren, stoppen Sie bitte. Schraffieren Sie eine Fläche von mindestens einer Stunde in der Mitte frei. Das ist Ihre persönliche Stunde. Ihre Zeit für Träume, Fantasie, für gute Emotionen. Wir nennen sie den Dolce-Vita-Zeitblock. Hier dürfen Sie Dinge erledigen, die Sie glücklich machen! Ein Vapiano-Typ wird vielleicht mit einem Kollegen fachsimpeln wollen, ein Casa-Typ mit der Ehefrau telefonieren, ein Ristorante-Typ wird den Theaterbesuch am Abend planen, ein Pizzeria-Typ eine Runde Tennis spielen. Was immer Sie in dieser Zeit tun, es sollte Ihrem Charakter entsprechen, es sollte Ihnen nur Freude und Genuss bereiten.

Internet

http://www.spiegel.de/wissenschaft/technik/braunschweig-forscher-arbeiten-an-der-praezisesten-uhr-der-welt-a-1105821.html

Interview mit Alberto Alessi: Das Reifen der Reben oder vom Übertreten der Borderline

Das Beste aus jeder Situation zu machen ist eine wunderbare Eigenschaft. Wir haben viel von Alberto Alessi gehört und sind mit seinen Produkten aufgewachsen. Ein Mann mit Stil. Ein Mann, der aus seinen Träumen eine Wahrheit schuf. Ein Mann, der das Beste aus jeder Situation macht. Unsere Entscheidung stand fest: Wir möchten Alberto Alessi mit einem Exklusivinterview in unserem Buch haben. Unser Traum wurde Wahrheit, und wir besuchten ihn in Omegna (Piemont) in seiner »Fabrik der Träume«.

Loredana und Alessandro: »*Dottore, Sie sind ein Mann, der nicht nur die Marke ALESSI in die Küchen der Welt gebracht hat, sondern auch die Passion für Design. Wie begann diese Geschichte?*«

Alberto Alessi (lacht): »Na ja, Sie kennen uns aufgrund der Küchenaccessoires, aber die Markenstory begann früher: Tatsächlich ist ALESSI von meinem Opa 1921 gegründet worden. Damals stellte das Unternehmen Produkte für Tische, Bars, Tee- und Kaffeesets her, aber nicht für Küchen. Das geschah erst 1979. Wie der Zufall es will, lernten wir den deutschen Designer Richard Sapper kennen. Er lebte und arbeitete in Mailand und wir freundeten uns an. Leider ist er letztes Jahr von uns gegangen.

Irgendwann, als wir uns bei einem guten Rotwein über den Markt und Trends unterhielten, da bat ich ihn, eine Espressomaschine zu designen. Sie müssen wissen, dass die Espressomaschine, Sie kennen sicherlich die *Moka Bialetti*, dieses weitverbreitete klassische, ortagonale Gefäß aus Aluminium, diese erfand mein Opa mütterlicherseits, Alfonso Bialetti. Ende der 1970er-Jahre kam mir die Idee, als Hommage an meinen Opa eine Caffettiera ALESSI und somit das erste Küchenprodukt herzustellen.

Aber zurück zu meinen Anfängen. Ich arbeitete bereits während des Studiums in der Firma meines Opas und meines Vaters. Ich fing mit einem bescheidenen Gehalt an. Die Atmosphäre im Unternehmen gefiel mir nicht! Sie war grau, traurig, sehr metallisch eben. Es war keine Freude, keine Heiterkeit da, und ich konnte mich für die Produkte, die hergestellt wurden, nicht begeistern. Aber es war mir als Erstgeborenem bestimmt, in diesem traditionellen Familienunternehmen zu arbeiten. Wenn ich mich für einen anderen Weg entschlossen hätte, es wäre ein Verrat gewesen. Und doch konnte ich mir nicht vorstellen, mein ganzes Leben in diesem grauen Klima der Metallverarbeitung zu arbeiten. Es war, als würde sich während der Arbeit ein Nebel auf meine Seele legen. Da sagte ich mir: ›Es könnte auch anders gehen!‹

Viele Erfolgsgeschichten beginnen mit dem Gedanken: Was wäre, wenn ...? Auch ich dachte: ›Was wäre, wenn wir die Türen für die interessantesten Talente öffnen würden? Was wäre, wenn wir Produktdesign fertigten? Was wäre, wenn wir mehr Spaß hätten?‹ Also versuchte ich, mehr Poesie und Kunst in ein metallverarbeitendes Unternehmen zu bringen.«

»Das war eine drastische Veränderung im Unternehmen. Auf einmal war da Kunst und Farbe. Gab es niemanden, der Ihnen davon abgeraten oder widersprochen hat?«
»Die Farben kamen erst später mit den Kunststoffen und dem gefärbten Metall. Aber Sie meinen sicherlich die Farben im übertragenen Sinn. Die Farben der Emotion, der Poesie, des Hauchs von Kunst – auch wenn es metallisch blieb. Ja, diese Farben kamen durchaus mit meiner Idee.«

»Und der Gegenwind?«
»Selbstverständlich gab es den! Für mich brachen harte Zeiten an, die man als Junge erst einmal wegstecken muss. Mein Vater hatte mir die Hölle heiß gemacht und mein Onkel auch. Aber ich war schon immer ein Dickkopf. Ich arbeitete heimlich an meinen Konzepten weiter.

Kaum in der Firma – quasi versteckt vor meinem Vater – begann ich unsere Maschinen nicht nur für die üblichen Produkte, wie Behälter, Körbe, Shaker und Eisbehälter einzusetzen, sondern auch für Skulpturen und Kunstwerke. Das waren keine Kopien, das waren damals schon Originale. Ich hatte sogar in den 1970er-Jahren ein Multiple mit Salvador Dalì erstellt. Ein Teil dieses Multiples bestand aus einem vergoldeten Kamm, an dessen Zähne Fischerhaken waren, die zum Lachsfang verwendet wurden. Als mein Vater das Projekt stoppte, hatte ich bereits 50 000 dieser Haken von einem Hersteller aus Oslo bestellt, die wir noch heute im Lager haben. Es war also ein totales Fiasko. Und doch bin ich sehr stolz auf dieses Multiple. Es war Leidenschaft dabei und Freude, auch wenn mein Vater noch lange ein Lied davon gesungen hat.«

»Ihr Vater schenkte Ihnen weiterhin sein Vertrauen, wenn auch mit Vorbehalten? Hatten Sie genügend Spielraum, sich zu entwickeln?«
»Ich denke schon; am Ende hat er mich immer machen lassen. Das ging zwar nicht ohne Geschimpfe, aber ich setzte mich durch. Ich muss dazusagen, dass ich mich auch um den kaufmännischen Bereich kümmerte, das heißt, ich war nicht nur für das Designmanagement zuständig. Man kann also sagen, dass ich Bremse und Gaspedal gleichermaßen bediente. Darüber hinaus arbeitete ich zunehmend mit den richtigen Designern, wie Sottsass, Castiglioni, Sapper und Mendini zusammen. Da wurde ihm klar, dass wir diese Produkte gut verkaufen würden, denn die machten wirklich den Unterschied zu den restlichen Haushaltswaren. Rückblickend kann ich sagen: ›Ja, ich durfte weitermachen. Ja, ich hatte genügend Spielraum für meine Entwicklung.‹«

»Um Ihren Vater und Ihren Onkel von dieser Veränderung zu überzeugen, mussten Sie Charakter haben. Hängt dies mit Ihrer Persönlichkeit und Entschlossenheit zusammen?«
»Entschlossenheit ja. Sie haben keine Kinder, daher ist es sicherlich schwierig zu verstehen. Ich stelle fest: Die Art und Weise der Kindererziehung hat sich deutlich verändert. In meiner Generation sind wir aufgewachsen mit dem Prinzip ›Sei still, du Trottel‹. Widerworte waren unerwünscht. Das heißt: Die Kinder hatten nichts zu melden.«

»Ihnen hat das sicherlich nicht gepasst?«
»Absolut nicht.«

»Gab es einen Moment, an dem Ihr Vater Ihnen ein Kompliment machte und seinen Stolz auf Sie äußerte?«
»Niemals, er war nicht unbedingt der Dolce-Vita-Typ.«

»Als Designmanager kannten Sie die Bedürfnisse der Kunden oder, wie Sie zu sagen pflegen, des Publikums. War es Empathie oder war es nur Ihr Anspruch, die Küche anders betrachten zu wollen?«
»Also meine Rolle war und ist nach wie vor Designmanager zu sein, also die Person, die den Designer auswählt und das Briefing verantwortet. Es kann auch sein, dass der Designer einen Vorschlag macht und ich seine Idee gut finde. Allerdings achte ich immer auf die Linie zwischen Idee, Machbarkeit und Marktfähigkeit. Dieser Blick des Mediators auf den Markt und auf die Kreativität ist typisch für meine Rolle und für die der italienischen Designfabriken. Das ist ein Phänomen, und das ist auf diesem Level fast in keiner anderen Industrie existent, zumindest ist es mir nicht bekannt. Wir reden natürlich von der Design-Elite, die mich interessiert. Wenn Sie noch heute die besten Beispiele des französischen Designs suchen, sind Sie gezwungen, die Kataloge der italienischen Designfabriken aufzuschlagen. Darüber schreibe ich auch in meinem Buch. Gleiches gilt für das englische oder brasilianische Design. Denken Sie beispielsweise an die Brüder Campana, die derzeit die Helden des internationalen Designs sind. Die haben ihren Ursprung bei den italienischen Designfabriken. Warum ist das so? Eben weil Italiener die Fähigkeit haben, zwischen Kreativität und Markt zu vermitteln.«

»Wie ist Ihre Passion für Design entstanden?«
»Sie entstand aus meinem Interesse für die Welt der Kunst, der Poesie und der Literatur. Wenn das Familienunternehmen nicht da gewesen wäre, wäre ich sicherlich in einem dieser Bereiche tätig geworden.«

»Was bedeutet für Sie Dolce Vita?«
»Im Berufsleben, aber auch grundsätzlich, müssen die Türen immer offen sein für Kreativität. Leider ist das in vielen Unternehmen anders. Dort sind die Türen dafür verschlossen, total verschlossen. Um wirklich eine Verbesserung herbeizuführen, müsste die Industrie ihre Türen für Kreativität öffnen, immer aus Produktsicht wohlgemerkt.

Nehmen wir als Beispiel die Automobilindustrie: Die Produkte sind technisch gesehen tadellos, aus der Sicht des Designs ein Desaster. Das Design der Autos stammt von Ingenieuren, vom Marketing, aber nicht von Designern. Die armen Designer müssen das machen, was Ihnen vorgegeben wird. Ich bin überzeugt, wohl wissend, dass es in dieser Branche schwierig ist: Wenn die Türen zur Kreativität offen wären, würden Autos entstehen, die sich keiner vorstellen kann, völlig neu, völlig anders. Das wäre gut für das Business. Heutzutage kopieren sie sich gegenseitig, und es ist schwierig, die Marken zu unterscheiden.«

»An welchen Punkten erkennen Sie, ob jemand seine Aufgabe liebt und für diese Liebe bereit ist, ein Risiko einzugehen?«
»Das kann ich nicht sagen, aber ich spüre es sofort. Bei euch merkt man, dass ihr eure Arbeit mit Leidenschaft macht! Das hilft, erfolgreich zu sein, weil man alles dafür gibt. Wer die Passion in sich hat, der folgt einem Dämon, und dieses Folgen ist unverzichtbar. Man wird davon gelenkt. Dann setzen Sie sich voll ein, und das trägt dazu bei, die Dinge zum Laufen zu bringen. Mit der persönlichen Genugtuung darüber, das zu tun, was man tut, macht sich alles bezahlbar.«

»Wir gehen noch weiter und behaupten: Wenn man etwas mit Passion macht, ist es weniger anstrengend.«
»Das kann sein. Aber man muss darauf achten, dem eigenen Dämon zu folgen. Will zum Beispiel ein Junge unbedingt Klavierspieler werden, weil dies sein Dämon ist, dann muss er dem folgen.

Wenn dieser Junge dann jedoch Buchhalter wird, wird es für ihn schwierig, diesen Job mit Passion zu machen.«

»*Kommen wir zu Ihrer zweiten großen Passion, dem Weinbau. Wie ist Ihre Begeisterung dafür entstanden?*«
»Im Alter von 13 Jahren ließ mich mein Vater mein erstes Glas Wein trinken, und es schmeckte mir. Die Begeisterung für Wein hielt immer an, und als ich Ende zwanzig war, dachte ich mir, wie schön es wäre, wenn ich meinen eigenen Wein hätte. Aber dieser Wunsch erfüllte sich zunächst nicht, schließlich arbeitete ich viel, und für den Weinbau benötigte man sehr viel Geld.

Und dann vor etwa 20 Jahren stand ein Weingut am Lago d'Orta zum Verkauf. Seit Jahrhunderten wurde hier Wein angebaut, aber alles war verlassen. Ich dachte mir: ›Wunderbar, wir kaufen es und fangen an, hier wieder Wein anzubauen.‹

Also fingen wir an. Wir haben drei Jahre gebraucht, um den Boden vorzubereiten, da wir biologisch-dynamisch arbeiten wollten, also nach biologischer Landwirtschaft, die auf den esoterischen Ideen Rudolf Steiners beruht. Alles natürlich. Keine Chemie. Jeder Vorgang erfolgt unter Berücksichtigung des Mondrhythmus in Verbindung mit anderen Planeten.

Wir entschieden uns für eine Rebe aus Burgund, weil meine Frau und ich die Weine aus Burgund bewundern. Wir haben Chardonnay- und Pinot-Nero-Reben bestellt und haben sie 2005/2006 gepflanzt. Die erste Weinernte erfolgte im Jahr 2008. Den besten Burgunder außerhalb von Frankreich, den mache ich am Lago d'Orta.«

»*Gibt es für Sie Parallelen zwischen dem Weinbau und dem Business?*«
»In der Tat haben sich quasi unerwartet starke Parallelen zwischen meiner Tätigkeit als Weinbauer und meiner Tätigkeit als Designunternehmer herausgestellt. Was macht einen guten Gärtner aus? Ein guter Gärtner muss erst den Boden vorbereiten und dann natürlich das säen, was er erwartet, wohl wissend, dass der Wind weitere unerwartete Samen anwehen kann. Also liegt seine tatsächliche

Aufgabe darin, dass das Ambiente, also der Boden, so gut vorbereitet ist, dass nicht nur die eigene Saat angenommen wird, sondern auch die zufällige Saat, die der Wind mit sich bringt.«

»Also bewusst die ›fremde Saat‹ akzeptieren?«
Selbstverständlich, das stellt die Metapher der Kreativität dar. – Ich muss als Gärtner in der Lage sein, dafür zu sorgen, dass sich die Pflanzen bestmöglich entfalten, also diese Evolution der Saat pflegen, bis sie das Beste geben kann, was in ihr steckt.

Am Ende ist meine Rolle als Unternehmer dieselbe. Ich bereite das Ambiente so gut wie möglich vor. Dann bringe ich neue Produkte heraus. Nehmen wir das Beispiel einer Kaffeekanne. Sie müssen wissen, dass ich ein Netzwerkt von 300 Designern pflege, die auf der ganzen Welt leben. Jeder von ihnen weiß, dass er mich jederzeit anrufen kann: ›Alberto, ich habe eine außergewöhnliche Idee.‹ Und ich sage: ›Benissimo. Willst du sie mir schicken oder treffen wir uns? Willst du zu mir kommen oder soll ich zu dir kommen?‹ Dies ist der zufällige, unerwartete Samen. Ich muss dafür Sorge tragen, dass dieser Samen gepflanzt wird, ich muss verstehen, was er geben kann.

Dies ist meine Funktion als Mittler, von der ich vorhin gesprochen habe. Und vielleicht entsteht sogar etwas Besonderes wie im Fall des französischen Designers Phillippe Starck. Wir hatten vor rund 30 Jahren über ein Projekt gesprochen: ALESSI benötigte einen Behälter aus Edelstahl. Also dachte ich mir, Starck sei in der Lage, mir einen wunderschönen Behälter zu designen, den das Publikum bewundern würde. Er reagierte auf meinen Vorschlag enthusiastisch – nur schickte er mir nichts. Zwei Jahre später war er zufällig in der Nähe, weil er mit seiner Familie auf dem Weg in den Urlaub in Italien war. Ich fragte ihn, was mit dem Behälter nun sei? ›Nichts, aber ich verspreche dir, dass ich einen Entwurf aus dem Urlaub sende.‹ Ich nickte. Anschließend aßen wir zu Mittag. Dabei sprachen wir zufällig über den Konsum von Zitrusfrüchten, der damals enorm anstieg. Was passierte daraufhin? Ungefähr zehn

Tage später, während seines Urlaubs, bestellte er sich einen Teller Calamari. Dieser Tintenfisch auf seinem Teller brachte ihn intuitiv zur Form einer Zitronenpresse. Ich weiß, es klingt ein wenig bizarr, aber so war es.«

»*Was wurde daraus?*«

So entstand das Design.

Und das wurde daraus.

»Was daraus wurde? Es ist noch heute einer unserer zehn Bestseller. Das Ganze war nicht nur unerwartet. Philippe Starck nutzte sein explosives Potenzial. Dies zu verstehen, das ist Bestandteil meines Berufs. Aber um so etwas entstehen zu lassen, müssen die Türen des Unternehmens immer offen sein.

Darüber hinaus musst du in der Lage sein zu erkennen, welche unter den vielen Vorschlägen, die eintreffen, die richtig guten sind. Grundsätzlich muss man immer offen für alles sein. Meine Assistentin erhält 350 bis 400 Mappen jährlich, davon enthält jede etwa zehn Projekte, das macht ein paar Tausend Projekte pro Jahr.«

»Bleiben wir bei Ihrer Weinbau-Metapher. Was können wir sonst noch von der Saat lernen?«
»Sie wächst auf meinem Gebiet in natürlicher Art und Weise, sprich biologisch-dynamisch. Auch unsere Designprodukte zwingen wir nicht in einen Marketingkäfig. Das Marketing bleibt bei der Erarbeitung des Produkts völlig außen vor, es spielt kaum eine Rolle. Alles andere wäre so, als würden wir chemischen Dünger verwenden. Was ich trage, ist ein Stück Poesie und industrielle Kunst. Ich verfolge immer einen biologisch-dynamischen Ansatz, so wie wir es beim Weinanbau tun. Wenn wir Schwierigkeiten mit den Reben haben, verwenden wir Kräutertee. Im Weinkeller finden Sie weder Chemie noch unnatürliche Prozesse. Selbst die Umfüllung von Behälter zu Behälter erfolgt natürlich über die Schwerkraft. Diese Natürlichkeit, genauer gesagt die biologische Dynamik, gilt sowohl für den Weinbau als auch meiner Vision der Industrie.

Aber Vorsicht, dieser Ansatz ist äußerst selten, ich will auch nicht sagen, dass ich ihn empfehle, aber es ist mein Ansatz. Wie auch immer: Wenn Sie meinen Wein öffnen, schmeckt er nach einer Woche noch besser. Ein Wein, der auf herkömmliche Art und Weise produziert wird, ist nach einem Tag nicht mehr genießbar. Das gilt selbst für die Hälfte aller großen Weine. Mein Wein tut einfach gut. Das bilde ich mir zumindest ein. Verstehen Sie das als meinen gesellschaftlichen Beitrag.«

»*Wie war das Gefühl, als Sie den ersten Schluck Ihres eigenen Weines tranken?*«
»Das kann ich schwer beschreiben. Sie können sich vorstellen, wie stark die Emotionen waren. Und doch müssen Sie wissen, dass man nicht sofort den besten Wein herstellen kann. Die Rebe gibt in den ersten zehn Jahren noch nicht die besten Trauben ab, die sie geben kann. Sie ist noch nicht ergiebig. Und wer so wie wir noch dabei ist zu lernen, der produziert nicht unbedingt ein Fiasko, aber er macht sicherlich auch Fehler. Die ersten Weine produzierten wir schließlich in den Jahren 2008 bis 2010. Ja, ab 2010 konnten wir sagen: ›Das ist unser Projekt.‹ Die Jahre davor waren noch experimentell. Einerseits, weil die Reben noch zu jung waren. Andererseits, weil wir noch lernen mussten.«

»*Wie im Business. Alles hat seinen Lauf. Man probiert aus und vielleicht entsteht daraus ein Produkt oder eine Marke?*«
Klar, ohne Zweifel. Es ist wie die Philosophie des Fiaskos. Aber vor dem Fiasko kommt die Borderline. Das Schicksal einer italienischen Designfabrik – wie wir es sind – besteht praktisch darin, auf einer Borderline, einer sehr schmalen Grenzlinie zwischen dem Möglichen und dem Nicht-Möglichen, zu leben und zu arbeiten. Der Bereich des Möglichen ist dort, wo eine neue Idee oder ein neues Projekt entsteht, die das Publikum verstehen, lieben, verlangen und womöglich kaufen kann. Dagegen gibt es im Bereich des Nicht-Möglichen Ideen und Projekte, die das Publikum nicht verstehen, also nicht lieben, verlangen und genauso wenig kaufen kann. Wir bewegen uns immer in dieser Zone des höchsten Risikos.

Schließlich ist diese Grenze nicht mit einem dicken Stift gekennzeichnet. Sie ist sogar extrem schwierig wahrzunehmen und mit dem bloßen Auge nicht sichtbar, geschweige denn in einer Marketingstudie identifizierbar. Man kann sie nur intuitiv erfassen mit den Fähigkeiten, die der Mensch in einer industriellen Kultur hat. Ich glaube, Menschen sollten mehr ihrer eigenen Intuition und Kreativität folgen. Gewisse Unternehmen sind bereit, das Risiko in diesem Grenzbereich einzugehen, andere sind es offensichtlich nicht. Diese Theorie ist für die Industrie nicht neu. Aber was passiert in der Massenproduktion? Diese hält sich von der Borderline fern. Sie geht keinerlei Risiko ein, um in den Bereich des Nicht-Möglichen zu kippen. Daher produzieren alle die gleichen Dinge. Gleiche Autos, gleiche Fernseher, gleiche Kühlschränke. Die industriellen Produkte werden immer anonymer, haben kaum noch Spuren von Ästhetik und Poesie. Wenn Sie allerdings in der Lage sind, auf der Borderline zu arbeiten, ohne dabei in den Bereich des Nicht-Möglichen zu fallen oder zumindest so nah wie möglich sich an diese Grenze vorzuwagen, dann haben Sie wie in unserem Fall oder wie im Falle unserer Kollegen Erfolg in den Mikromärkten. Dort genießen sie eine gewisse Monopolstellung. Wie es bei unseren Design-Wasserkochern oder Design-Kannen der Fall war. Sicherlich hält dieser Erfolg nicht ewig, aber einige Jahre dürfen Sie sich darüber freuen. Das ist gut für die finanzielle Situation des Unternehmens! Und es ist gut für die gesellschaftliche Entwicklung.

Aber zurück zum Fiasko. Das Fiasko passiert, wenn etwas entwickelt wird, von dem ich überzeugt bin, dass es eine gute Marktposition erreichen wird, aber ich plötzlich merke, dass ich in den Bereich des Nicht-Möglichen falle. Dann ist es zu spät umzukehren, da ich mich bereits im Fall befinde. Schlimm? Nein. Es ist zwar nicht so, dass ich das Fiasko suche. Aber es hat sich als einzige Möglichkeit entpuppt zu sehen, wo die Borderline verläuft. Erst wenn ich falle, habe ich einen Flash für eine Mikrosekunde, in dem ich die Borderline sehe. Also wenn dieses eine Projekt im Fallen ist, ist dieses eine Produkt tot. Für mich jedoch ist es eine Erfahrung. Es stärkt meine Skills, als Mediator zwischen Kreativität und Markt zu blicken. Dieser Moment ist sehr wertvoll. Weil er mir diese Sensibilität schenkt, immer mehr zu riskieren. Natürlich begehe ich nicht gern Fehler. Nur sind sie die einzige Chance voranzukommen, zumindest soweit ich weiß.

Diese Philosophie konnte ich meiner Familie erfolgreich vermitteln. Darüber habe ich eine mathematische Formel entwickelt. Sie zeigt grob, wo sich die Borderline befindet. Sie gibt erste Hinweise auf das Schicksal eines neuen Projekts und weist auf die Reaktion des Publikums hin.«

»Wir sind in einer Phase der großen Veränderungen, in der Offenheit und Flexibilität sehr wichtig sind. Wie wichtig ist es Ihrer Meinung nach, den Mut zu haben, Neues zu wagen?«

Veränderungen gab es viele in den letzten 50 Jahren. Aber ich muss Ihnen Recht geben, sie waren nicht so groß wie die aktuellen. Diese Veränderungen müssen wir erkennen und verstehen. Das fällt nicht leicht, und ich gebe zu: Nie zuvor habe ich sie in dieser weitreichenden Form erlebt. In der Vergangenheit war es immer dieselbe Geschichte: Ich hatte eine Vorstellung von dem, was ich machen wollte, und zwar Produkte mit künstlerischen und poetischen Komponenten. Also musste ich mich ständig mit dem Publikum und dem Markt synchronisieren. Das habe ich bisher mit einem gewissen Erfolg gemacht. Aber da dürfen wir nicht stehen bleiben.

Wir reflektieren aktuell darüber, dass wir einen außerordentlichen Erfolg mit unseren Produkten erreicht haben. Die wurden in Italien produziert. Mittlerweile finden sie ähnliche Produkte mit anderen Formen und anderer Verarbeitung, an anderen Standorten zu einem Bruchteil von unseren Preisen produziert. Der Markt für die handelsüblichen Produkte beziehungsweise Standardprodukte ist mit der Globalisierung exponentiell gestiegen, und gleichzeitig haben die Kunden für Standardprodukte weniger Geld. Konkret: In den 1990er-Jahren hatten diese Kunden mehr Geld, um ein Produkt zu kaufen. Das hat sich geändert. Sie haben jetzt weniger Geld, und die Konkurrenz der Produkte ist stark gestiegen. Produkte, die extrem billig sind und deren Wertigkeit dem entspricht, gab es in den 1990er-Jahren und Ende des letzten Jahrhunderts nicht.

Unsere Challenge besteht darin zu verstehen, wie flexibel wir sein müssen, um die Marktveränderungen zu begleiten. Allerdings ist es nicht einfach, weil wir weiterhin in Italien produzieren wollen. Wollte ich in China produzieren, müsste ich meine Techniker dorthin schicken, und in wenigen Jahren könnte es uns vielleicht gelingen, in China fortzusetzen, was wir in Italien begonnen haben. Aber wir wollen hierbleiben.«

»*Aus Patriotismus?*«
»Aus sozialer Verantwortung. Wir sind das letzte Unternehmen hier. Omegna war 200 Jahre lang ein Wirtschaftszentrum für die Produktion metallischer Haushaltswaren, wie beispielsweise Sheffield in England oder Solingen in Deutschland. Das ist kein Vorwurf, denn will man einen Topf herstellen, dann bleibt dafür nicht sehr viel Spielraum. Ein Topf ist ein Topf, auch wenn er in Fernost zu einem Viertel der Produktionskosten hergestellt werden kann. Es ist klar, dass das Leben für einen europäischen Hersteller schwierig wird.«

»*Welchen Rat würden Sie jungen Menschen geben?*«
»Folge deinem Dämon! Es scheint mir, dass die jungen Leute genau das tun. Questo va bene.«

»*Grazie mille, Dottore.*«

Kapitel 8
Die Dosis macht die Leichtigkeit

Die Farbe der Leichtigkeit

Auch Italiener weinen. Sie tun das kurz und heftig – und selten im Verborgenen. Vielmehr begeben sie sich mit ihrer Traurigkeit in die Mitte von Familie oder Freunden. »Warum einsam leiden, wenn mich Menschen lieben?«, denken sie sich und erwarten ein großes Taschentuch zum Trocknen der Tränen. Es kann sein, dass sie dann in bester Gesellschaft schimpfen und fluchen, dass sie sich beleidigt die Blessuren reiben. Aber eines tun sie nicht: ihr Leid zelebrieren.

Ein Italiener, der stolpert, steht wieder auf, zupft die Krawatte gerade und fragt in die Runde: »Seht ihr für mich einen anderen, einen passenderen Weg?« Im Kopf hat er selbst schon eine Idee, wie es weitergehen könnte, wo in Zukunft seine Herausforderung liegt. Und dieser beständige Blick nach vorn, das konkrete Suchen nach Chancen, das macht Italiener zu Optimisten. Wir haben uns oft gefragt, ob diese Fähigkeit in der italienischen Kultur verborgen oder ob sie schlichtweg eine Sache der Erziehung ist. Beides ist richtig.

Auf der einen Seite waren es die italienischen Künstler, die mit ihrem Sinn für Ästhetik und Zeitgeist die Stilrichtung durch viele Epochen beeinflussten. Mancher begnadete deutsche Maler – wie Albrecht Dürer – verließ im Spätmittelalter seine Werkstätten, um sich auf den damals beschwerlichen Weg nach Italien zu begeben. Dürer brach das erste Mal 1497 auf. Weder die Räuberbanden am Straßenrand noch die unbefestigten Pfade, auf denen häufig Kutschenräder zerbrachen, waren für ihn ein Hindernis. Den körperlichen Strapazen würde die italienische Inspiration folgen, mochte er gedacht und damit jedwede Bedenken zur Seite geschoben haben. Die venezianische Farbenlehre und das Arbeiten in kreativer, offener Atmosphäre waren seine inneren Antreiber, die größer waren als der Reisestress. Dürer war vermutlich zweimal in Italien. Böse Zungen behaupteten zwar, er wäre der Pest in Nürnberg entflohen, aber wir halten an der schönen Idee fest, dass die Freundschaft zu italienischen Künstlern wie Giovanni Bellini der Grund gewesen sein mochte und zudem das Auftragsbild, das 1506 in Venedig entstand. Bis heute gilt dieses Gemälde »Das Rosenkranzfest« als ein Farbenspektakel.

Auch den großen deutschen Dichterfürsten Johann Wolfgang von Goethe zog es in den Süden. Als er aufbrach, schrieben wir bereits das Jahr 1886, und seine Reise sollte ihn bis Rom führen. Wenn wir uns heute fragen, was Goethes innerer Antreiber war, dann brauchen wir nur in seinem Reisebericht zu blättern. Dort gibt er die Antwort höchstpersönlich: »Das Ziel meiner innigsten Sehnsucht, deren Qual mein ganzes Inneres erfüllte, war Italien, dessen Bild und Gleichnis mir viele Jahre vergebens vorschwebte, bis ich endlich durch kühnen Entschluss die wirkliche Gegenwart zu fassen mich erdreistete. In jenes herrliche Land sind mir meine Freunde gern auch in Gedanken gefolgt...« (2017, S. 416)

Was Menschen damals wie heute an Italien fasziniert, ist also das Spiel der Farben, die Sehnsucht nach der Leichtigkeit, die zu diesem Land gehören wie die Uffizien zu Florenz. Und es gibt noch etwas, wagen wir festzustellen: Es ist die Fähigkeit der Italiener, Niederlagen als kurzes Intermezzo anzusehen und nicht als schwarze Stelle in der Vita.

Wir stellen als Italiener in Deutschland – verankert in beiden Kulturen – immer wieder fest: Italiener wollen ihr Leiden nicht interpretieren, ihm nichts Gutes abgewinnen. Für sie ist Leiden eine Momentaufnahme, nicht weniger, aber auch nicht mehr. Alles andere würde, so ist ihre Haltung, im Stress landen und damit in Schmerz ausarten. Also wechseln sie die Spur, speichern die Niederlage im mentalen Ordner »schlechte Erfahrung« ab. Wer weiß, vielleicht werden sie später noch einmal gedanklich darin lesen. Zunächst aber schlagen sie diesen Ordner zu, weil ihnen das Träumen besser gefällt als das Stolpern. Und sie richten den Blick längst wieder auf den Genuss im Leben. Das finden wir übrigens nicht oberflächlich, sondern das ist für uns eine Art der Stressresistenz.

In deutschen Unternehmen hingegen werden Niederlagen intensiv betrachtet. Lange wird diskutiert und bedauert. Die Führungskräfte und die Mitarbeiter wollen aus Tiefschlägen lernen. Immer wieder gehen sie dieselbe Spur entlang und hoffen, darauf irgendwann erfolgreich zu sein.

Dieser kleine, aber bedeutsame Unterschied zwischen dem Interpretieren von Leid und dem Abwenden mit einem Schulterzucken machen Italiener aus unserer Sicht stark. Wenn die Welt sich gegen sie zu verschwören droht – dann wundern sie sich und können ihr Unglück zunächst nicht begreifen. Mit einem Anflug von Verzweiflung suchen sie im Herd des Konflikts nach einem lichten Punkt, nach einem warmen Wort oder einer Aufmerksamkeit. Und sollte all das verwehrt bleiben, dann erinnern sie sich an eine Fähigkeit, die ihre Mutter ihnen als Kind antrainierte: Sie wischte die Tränen aus dem Gesicht des kleinen Kindes, wenn die kleine Welt des Fünfjährigen ins Wanken geriet, weil der Freund die Bauklötze stahl. Oder sie drückte ihn an sich, weil genau dieser Freund ihm als Fünfzehnjährigem das Mädchen des Herzens ausspannte. Die Mutter hatte wenig Sinn für Jammern und sagte zu ihm in einem Ton, der keinen Widerspruch duldete: »Schnäuz' dir Nase ins Tuch. Es gibt Schlimmeres im Leben. Du darfst an deinem Glück nicht zweifeln! Es kommt wieder, wenn du darauf vertraust.« Und so schnäuzen sich bis heute italienische Männer den Frust von der Seele, anstatt sich die Seele vom Frust zerfressen zu lassen. Sie atmen durch und sagen sich, dass es weitaus Schlimmeres gäbe als einen cholerischen Chef oder profilsüchtige Kollegen. Sie sehen sich dieses Problem an und entscheiden auf der Linie zwischen Herz und Bauch, ob sie es lösen können oder ob es ihnen weiterhin Verzweiflung bringen würde. Sie sind bereit, eine Zeitlang zu kämpfen. Wozu sie nicht bereit sind, ist, sich in das Problem hineinzudrehen wie in einen Sumpf, der keinen Halt mehr bietet. Denn sie haben früh gelernt, dass zur Widerstandskraft der Wille gehört, die Dinge zu ändern, die ihnen nicht guttun. Diese Konsequenz möchten wir Ihnen in diesem Kapitel nahebringen, um sich selbst vor dauerhaftem Stress zu schützen.

Kein Leid trainieren!

Auf deutschen Führungsetagen und bei den Mitarbeitern breitet sich aktuell der Stress immer weiter aus. Die Gründe sind immer dieselben: Die Ziele sind zu hoch gesteckt, die Konkurrenz schlägt mit ihren disruptiven Angriffen quasi über Nacht zu, die Digitalisierung führt zu einem Datenhaufen, den niemand zum Blühen bringt, weil das Daten-Know-how fehlt. Das Business wird komplexer und der Tag hat eigentlich zu wenig Stunden. Überhaupt würde man gern mal wieder ausspannen, sich um die Kinder kümmern, Sport treiben oder sich mit Freunden treffen. So kommt zur Hetze noch das schlechte Gewissen. Die modernen Stressoren haben viele Gesichter.

Galt vor zehn Jahren noch die Maxime der Work-Life-Balance, so ist heute das Gegenteil der Fall: Unsere Gedankenwelt teilt sich nicht mehr in Arbeit und Freizeit, sie ist längst zu einer Welt geworden, in der beide Bereiche ineinanderfließen. Heute tickt die Zeit in Etappen. Rennen für den kleinen Sieg, wenn es sein muss, auch nachts. Abends E-Mails checken, vielleicht ein Konzept in Nachtarbeit erstellen. Virtuelle Konferenzen sind auch am Wochenende möglich. Nur nicht stoppen. Wem die Puste ausgeht, gilt als schwach. Und schon sind sie drin in diesem Hamsterrad. Von innen sieht es aus wie eine Karriereleiter. Sprosse für Sprosse rasen sie immer weiter, darauf hoffend, dass das Rad sich irgendwann nach oben strecken und zu einer Leiter werden würde, die nicht im Kreisrund verharrt.

Natürlich wissen wir: Es gibt kein stressfreies Dasein, schon gar nicht als Manager oder Führungskraft. Sie merken es täglich, wenn sich zu Ihrem eigenen Stress der Stress Ihrer Mitarbeiter addiert. Die nämlich denken leider allzu oft, dass Sie als Führungskraft für die Stimmungen im Unternehmen verantwortlich sind. Und wenn die Stimmung kippt, dann kratzt das gewaltig am Projekterfolg und damit an Ihrem Image. Das bestätigt aktuell der AOK-Gesundheitsreport. Dort heißt es: »Eine gute Unternehmenskultur äußert sich [...] durch eine Arbeitsumgebung, die von den Beschäftigten als fair, wertschätzend, sinnhaft und fördernd erlebt wird. Ein gutes Miteinander im Betrieb basiert auf einer vertrauensvollen Kooperation und wirkt sich letztendlich auch auf den Erfolg eines Unternehmens aus« (https://www.aokplus-online.de/presse/fokusthemen/praeventionsbericht-2016.html).

Das ist eine zusätzliche Last. Da kann es schon einmal vorkommen, dass die Knie weich werden oder der Rücken schmerzt. Jammern wäre hier fehl am Platz; das würde die Stimmung nur weiter trüben, sagen Sie sich. Also wählen Sie einen anderen Weg: Sie werden proaktiv, krempeln die Ärmel noch höher und rennen dem Erfolg entgegen. Etappe für Etappe geben Sie Ihren vollen Einsatz, stemmen die Probleme des Teams, teilen den Unternehmenserfolg in kleine Zwischenziele, ohne das große Ganze aus dem Blick zu verlieren. Kurzum: Aus einer Herausforderung wird Stress – und dieser Zustand hat auf Dauer höchst unangenehme Nebenwirkungen. Den leidigen Rücken erwähnten wir bereits. Auch Magen-Darm-Beschwerden, Herz-Rhythmus-Störungen zählen zu den gängigsten Begleiterscheinungen einer Überanstrengung. Ganz zu schweigen von der schleichenden Traurigkeit in Ihren Gedanken. Irgendwann spüren Sie, wie die Kräfte schwinden, und spätestens an diesem Punkt überfällt Sie eine diffuse Angst. Es ist die Angst, nicht mehr perfekt zu sein, die Angst, nicht akzeptiert zu werden, die Angst vor dem Scheitern. Diese Ängste, die in einer andauernden Stressphase entstehen, die sind gefährlich. Denn sie verändern auf lange Sicht Ihre Persönlichkeit. Der Neurobiologe Gerald Hüther schreibt in seinem lesenswerten Buch: »Die Biologie der Angst« dazu: »Wer ein Programm hat, das nicht geeignet ist, die Angst kontrollierbar zu machen, ist verloren. Das ist das uralte biologische Gesetz, an dem bereits die Saurier gescheitert sind« (2016, S. 110). Richtig, diese hatten eine festgezurrte Gehirnstruktur. Sie passten sich nicht an Umgebung und Herausforderung an. Sie brüllten ihr altes Lied in veränderten Zeiten. Und starben aus.

Der Mensch aber hat ein plastisches Gehirn. Er bestimmt die Architektur seiner Synapsen durch tägliches Lernen, durch täglichen Einsatz und oft durch das Verschieben seiner Grenzen. Er sammelt Erlebnisse, reflektiert diese und fügt sie seinem eigenen Gedankenhimmel hinzu. Wie wunderbar! Nur vergisst er oft eines: Ein Wachsen und Verändern benötigt Pausen. Ein Muskel wächst erst in der Entspannung. Wer ständig in Angst und Anspannung lebt, wem Stress zum Elixier wird, der verliert die Leichtigkeit und damit den Sinn für die hellen Gefühle. Er bewegt sich in den Schattenbereich der Emotionen hinein. Dann wird aus Freude eine lästige Pflicht. Aus Engagement wird Jammern, und die Begeisterung schlägt um in Kraftlosigkeit. Das wiederum können sich Manager, Führungskräfte und auch ihre Mitarbeiter nicht leisten, deshalb treten Sie noch einmal in die Pedale auf dem Sprint zum Ziel. Würde ihnen nun jemand sagen, dass sie Raubbau mit sich betreiben, dann würden sie abwinken und entgegnen: »Ich bin fokussiert auf mein Ziel. Die nächste Etappe zählt. So handelt ein Profi, wenn er unter Druck steht.« Das finden wir nicht. Wir nennen diese Phase: Tunnelblick. Dann schaltet das Gehirn jede Ablenkung aus, nichts ist mehr wichtig, nur der Sieg zählt.

Giro d'Italia in Führungsetagen

Vor 100 Jahren, am 13. Mai 1909, startete das bis heute nach der Tour de France zweitwichtigste Etappen-Radrennen der Welt, der Giro d'Italia.

Als am 5. Mai 2017 wieder der Startschuss fiel, waren sich alle Sportler einig: Es wird ein schwieriges Rennen. Nach den Angaben der Veranstalter sollte es das herausforderndste überhaupt in der traditionsreichen Geschichte werden. Der Startschuss fiel auf Sardinien, und damit lagen 3 572 Kilometer vor den Teilnehmern, eingeteilt in 21 Etappen. Die Route führte durch die Alpen, die Dolomiten und endete mit einem langen, über 28 Kilometer dauernden Zeitfahren in Mailand. Dort fiel die Entscheidung über den Gesamtsieg, und die hängt stets ab von den Sprints auf den einzelnen Etappen, von der Überwindung der eigenen Grenzen. Nur wer sich verausgabt, den Hilferuf des Körpers überhört, wer bereit ist, einem Zusammenbruch nicht auszuweichen, der wird vielleicht Träger des rosa Trikots sein, das der Führende in der Gesamtwertung erhält. Übrigens geht die Maglia Rosa – das rosa Hemd – auf die Zeitung Gazzetta dello Sport zurück. Sie veranstaltet das Rennen bis heute und wird nach wie vor auf rosa Zeitungspapier gedruckt.

Für eine Weile ist der Sieger einer Etappe der gefeierte Held. Er darf im Applaus baden und in sich die Glückseligkeit spüren, die eine außergewöhnliche Leistung mit sich bringt. Das ist der Punkt, an dem das Cortisol im Körper wieder absackt und sich die Endorphine in den Vordergrund schieben. Dann macht sich nur noch Erleichterung breit und zudem das Wissen um die eigene Kraft. Dann reckt der Sieger die Arme in die Luft und könnte die Welt umarmen. Champagner für diese Höchstleistung. Befreite Seele. Aber der Freudentaumel hält nicht lange vor, Glück ist immer eine Sache von Sekunden. Dann richtet sich die Aufmerksamkeit des Radsportlers wieder auf die Strecke, die Steigung, auf das Verteidigen des rosa Trikots. Im Nacken treten die anderen heftig in die Pedale, wollen überholen, den nächsten Sieg erringen. Und mit diesem Kampf verschwinden die Glücksmomente im Sog des Stresses. Wieder schiebt sich Adrenalin durch die Adern, wird der Cortisolgehalt im Blut auf Spitzenwerte getriggert. Und es kann sein, dass der Trainer hinter vorgehaltener Hand flüstert: »Nimm diesen Energietreiber, der dopt dich weiter nach oben, gewinnen wird nur, wer alles riskiert.« Das rosa Trikot im Sinn und damit das nächste Glücksgefühl lösen vielleicht ein Nicken aus. Der Zweifel, ob Fairness und Rücksicht mehr zählen als der Etappensieg, wird banalisiert. Denn Zweifel, so mag sich der Sportler sagen, ist mehr Hemmnis als Treiber, und immerhin geht es um die ganz große

Chance, wer würde da zögern? In Erinnerung nämlich bleiben nur die Sieger, über die Verlierer redet niemand.

Im Management begegnet uns diese Siegerhaltung leider zunehmend öfter. Wir aber heben den Zeigefinger mit Strenge und sagen: Wer glaubt, er kann ständig eine 24/7-Leistung bringen und damit die Zeit und den Gesamterfolg beschleunigen, der begibt sich in eine Stressgefahr, und die geht einher mit einem körperlichen und emotionalen Risiko. Es kann sein, dass Sie nun abwinken und denken, diese Warnung sei bekannt. Ja, das ist sie. Aber wir finden, sie kann nicht oft genug mit Nachdruck ausgesprochen werden. Denn Stress, das deklarierte unlängst die WHO (World Health Organization), ist die Krankheit des 21. Jahrhunderts. Und doch steigt jährlich die Zahl der Menschen, die, vom Ehrgeiz getrieben, in der Stressfalle landen. Die schnappt übrigens nicht unerwartet zu. Sie dreht sich leise nach oben. Alles beginnt mit dem Verlust der Leichtigkeit, weil das Gehirn das Leiden trainiert. Die Gründe sind – gemessen an der Wirkung – oft banal. Was beim Radprofi das rosa Trikot ist, besteht es bei Führungskräften aus Boni und Dienstwagen, aus Statussymbolen und Anerkennung. »Mehr davon!« giert es im Manager. Ein auslaugendes Spiel beginnt: Je weniger Applaus er für seinen Einsatz erhält, desto mehr tritt er in die Pedale. Er will das Lob.

Dafür lohnt sich das tägliche Auspowern, sagen sich viele, und anfangs geht es ihnen gut dabei. Aber später, seien Sie gewiss, plündern die meisten ihre letzten Ressourcen für einen Stern auf der Haube oder eine Visitenkarte in Gold.

Anfangs stellt das Gehirn sich darauf ein, indem es die Stressschleusen öffnet. Aber irgendwann geht nichts mehr. Jährlich landen rund 100 000 Menschen in einem Burnout. Das Phänomen des Ausbrennens scheint universell zu sein. Überall auf der Welt kann ein Mensch an seinen Aufgaben verzweifeln, wenn er sich keine Ruhe gönnt, keine Phase der Besinnung.

Deshalb ist für uns die italienische Weisheit der Mütter »Schnäuz' dir den Rotz von der Seele« wie ein Balsam. Wir glauben, ein frühzeitiges Fluchen, Weinen, Innehalten, was immer Ihr Temperament verlangt, kann Schlimmstes verhindern. Sie müssen nur die Zeichen früh erkennen und sich sagen: »Zwischen jeder Arbeit gibt es Zeit für Vergnügen!«

Zwölf Fragen, Ihren aktuellen Stresspegel festzustellen

Die Auswirkungen von langanhaltendem Stress folgen einem Rhythmus: Erstens verändern sich die Emotionen, zweitens und drittens lässt die körperliche und kognitive Leistungsfähigkeit nach. Wir möchten Sie als Dolce-Vita-Strategen für Ihre Emotionen im Stress sensibilisieren. Um es auf den Punkt zu bringen: Der emotionale Stress beginnt immer mit einer Art von Angst. Deshalb bitten wir Sie, die folgenden Fragen zu beantworten. Sie werden am Ende erkennen, ob Sie sich in Ihrem Job von der Angst treiben lassen oder ob Sie hin und wieder in Gelassenheit üben:

		Ja	Nein
1.	Haben Sie Angst, Sie erledigen Ihre Aufgaben nicht termingerecht, wenn Sie eine Pause machen?	☐	☐
2.	Haben Sie Angst, Sie übersehen einen Fehler in Ihren Aufgaben, sodass Sie nicht perfekt wirken?	☐	☐
3.	Haben Sie Angst, Ihr Chef könnte bemängeln, dass Sie in letzter Zeit unkonzentriert sind?	☐	☐
4.	Haben Sie Angst, Ihr Team verliert die Motivation, weil Sie oft gereizt sind und keine Zeit für ein Gespräch zwischen Meetings haben?	☐	☐
5.	Haben Sie Angst, Sie könnten von Kollegen überholt werden und Ihnen könnten Verantwortungen abgenommen werden?	☐	☐
6.	Haben Sie Angst, Ihre Ziele nicht in der vorgegebenen Zeit zu erreichen?	☐	☐
7.	Haben Sie Angst, dass Ihre Familie Ihnen zunehmend fremd wird?	☐	☐

8. Haben Sie Angst, dass Sie mit Ihrem Lebensstil Ihrer Gesundheit schaden? ☐ ☐
9. Haben Sie Angst, den Urlaub zu genießen, weil Ihnen wichtige Informationen entgehen könnten? ☐ ☐
10. Haben Sie Angst, dass Ihre Stimmungsschwankungen, Ihre Schlaflosigkeit und Erschöpfung zunehmen? ☐ ☐
11. Haben Sie Angst vor finanziellen Schwierigkeiten, wenn Ihnen der nächste Karriereschritt nicht gelingt? ☐ ☐
12. Haben Sie Angst vor dem Gefühl, das Leben der anderen zu leben, die Erwartungen anderer zu erfüllen und an Ihren eigenen Träumen vorbeizurasen? ☐ ☐

Sollten Sie mehr als sechs Fragen mit Ja beantworten, dann sind Sie gefährdet! Ziehen Sie die Notbremse. Holen Sie sich Rat bei einem auf Stress spezialisierten Psychologen und lassen Sie sich zudem medizinisch auf Stresssymptome durchchecken. Denn Angst, die den Alltag beherrscht, lässt keine Leichtigkeit mehr zu. Sie zieht Sie tief hinunter in die dunklen Emotionen. Dann ist die Phase der Selbstheilung vorbei, dann werden Sie sich nicht mehr selbst aufrichten können, indem Sie sich zurufen: »Das Leben ist schön.« Deshalb appellieren wir an dieser Stelle sehr klar an Sie: Nehmen Sie Ihre Ängste frühzeitig wahr.

Gleichgewicht halten

Bevor die Angst in Ihnen aufsteigt, meldet sich ein vages Gefühl in Ihnen. Dann grummelt Ihr Bauch, dann empfinden Sie Lustlosigkeit, dann kann es sein, dass Sie aus heiterem Himmel gereizt reagieren. Sie sollten innehalten, einen Schritt zur Seite treten und sich fragen: »Will ich wirklich diese nächste Etappe mit vollem Einsatz meistern? Oder will ich lieber anderen den Vortritt lassen und meine Kräfte schonen?« Und wenn sich bei diesen Gedanken Ihr Pulsschlag beruhigt, dann schlagen wir Ihnen vor, einmal nachzuspüren, wo sich der Stress in Ihnen festgebissen hat.

Erstens: Hören Sie auf Ihr Bauchgefühl. Im Bauch sitzt Ihr sechster Sinn. Wenn Sie etwas aus dem Bauch heraus entscheiden, dann ist das spontan – und meist richtig! Dieser Impuls zu entscheiden beruht einzig auf Emotionen. Sie checken nicht auf Logik oder auf Wissen, Sie wägen auch nicht ab, welche Konsequenzen Ihre Entscheidung haben könnte, Sie lassen sich nur tragen von dem guten Gefühl, es würde schon gut werden. Damit ist Ihr Bauch weit mehr als Ihre Giftzentrale und auch weit mehr als der Ernährer der Organe. Wissenschaftler behaupten sogar, dass der Bauch das zweite Gehirn ist. Wenn wir bedenken, dass der Darm neben den mannigfaltigen Bakterienarten, neben Abwehrzellen für die Immunkraft auch 100 Millionen Nervenzellen beheimatet und dass diese Zellen baugleich mit denen in Ihrem Gehirn sind, dann können wir der Zweihirnthese folgen. Der Vagusnerv verbindet unter anderem das Gehirn mit dem Bauch und durch diesen Kanal fließen nachweislich die Glücksbotenstoffe Serotonin und Dopamin, wenn wir mit Körper und Geist in Balance sind. Im Stresszustand jedoch grummelt und bläht der Bauch. Da kann es sein, dass die ausgewogenen Bakterien durcheinandergeraten und die Nervenzellen vibrieren.

Schlechte Stimmung schlägt häufig auf den Magen, auf den Darm und wandert von dort zu den anderen Organen. Der Bauch hat seismologische Qualitäten, wenn es um den Grad Ihrer Emotionen geht.

Zweitens: Achten Sie auf Ihr körperliches Wohlgefühl. Ein kurzer Stressschub kann Sie beflügeln, ein dauerhafter Stress aber kratzt an Ihrer Gesundheit. Wenn Sie zwischen Ihren Aufgaben nicht lockerlassen, sich einen Kaffee gönnen oder mit Kollegen über das Wetter, die Kunst oder den Feierabend plaudern, über irgendetwas jenseits des Jobs, dann bleiben Ihre Organe im hohen Modus hängen. Das Herz pumpt, das Gehirn produziert Cortisol, die Organe verlangen nach Nährstoffen. Der Zuckerspiegel steigt und die Muskeln spannen sich an. Während die Radfahrer des Giro d'Italia diese Anspannung in Bewegung umsetzen können, bleiben Sie im Büro sitzen und finden kein Ventil. Nachts knirschen Sie mit den Zähnen. Sie versuchen unbewusst zu zermalmen, was Sie tagsüber nicht lösen konnten. Kopfschmerzen, Nacken-, Rücken-, Kieferprobleme sind die Folgen.

Unser Körper ist ein fein abgestimmtes System. Wie ein Uhrwerk greift es ineinander. Solange wir den Takt halten, funktioniert alles, aber sobald wir an einer Stelle überdrehen, bricht das ganze Gefüge irgendwann auseinander. Psychosomatische Erkrankung lautet dann die Diagnose.

Drittens: Verändern Sie Ihre Gedanken. Vielleicht kennen Sie die kreisenden Gedanken in der Nacht? Diese hindern Sie daran, Schlaf zu finden, denn sie geben selbst kleinen Problemen eine überdimensionale Größe. Wenn wir zuvor vom Tunnelblick gesprochen haben, dann taucht dieser hier wieder auf. Er verhindert, dass Sie Alternativen sehen. Alles in Ihrem Kopf ist schwer, und die Schwärze der Nacht drückt zusätzlich auf Ihre Stimmung. Im Gehirn passiert eines: Die neuronale Chemie verändert sich. Kein Aufheller mehr, nur noch Traurigkeit. Wenn nun einer zu Ihnen sagen würde »Nimm es doch mal etwas leichter!« würden Sie ihn verständnislos ansehen, weil Ihnen die leichte Sicht auf die Dinge fehlt. Sie leiden, weil Sie müde und kraftlos sind und weil Ihnen das Leben zur Strapaze wird. Das äußert sich in Ihrem Denken und Fühlen und darüber hinaus an Ihrer Ausstrahlung. Die Augen leuchten nicht mehr, wenn Sie von Ihrem Job erzählen, und Ihre Empathie für andere ist auf dem Gefrierpunkt angelangt. Irgendwann sind Konflikte die Normalität.

Erinnern Sie sich an unseren Dolce-Vita-Zeitblock? Noch ist Zeit, ihn in den Kalender einzutragen. Noch spüren Sie, dass Sie aus dem Tritt gekommen sind. Später jedoch werden Ihre Scheuklappen derart strammgezogen sein, dass Sie selbst Ihre eigene Reizbarkeit nicht mehr wahrnehmen. Stress macht einsam.

Dolce-Vita-Rad der guten Gefühle

Aus unserer Sicht dürfen Sie sich jetzt zurücklehnen. Machen Sie es sich bequem. Wir sind nämlich gegen weitere Termine in Ihrem Kalender wie Yoga am Dienstagabend, Meditation am Mittwochabend und Bäume umarmen am Samstagmittag. In der Folge kann es sein, dass Sie den Stress erhöhen und wieder einen Leistungsgedanken ankurbeln würden. Was wir Ihnen vorschlagen möchten, ist einzig die Besinnung auf die guten Gefühle. Aus der Gehirnforschung weiß man übrigens, dass bereits das Denken an eine erholsame Begebenheit die gleichen Regionen triggert, als würde die Situation tatsächlich erlebt. Diese fantastische Einsicht wollen wir uns zunutze machen, indem wir Sie um Folgendes bitten: Genießen Sie einmal wöchentlich zu einem Zeitpunkt Ihrer Wahl eine stille Stunde.

Dazu ziehen Sie sich an einen Lieblingsplatz zurück. Ob das der Italiener an der Ecke ist, das Café am Seeufer, die Liege auf Ihrer Terrasse oder das Sofa im Wohnzimmer, spielt keine Rolle. Entscheidend ist, Sie fühlen sich wohl. Schließen Sie für einen Moment die Augen, lassen Sie Geräusche, Sorgen, Zukunftsgedanken abfallen. Es geht nur um die Ruhe im Moment und um das Finden Ihrer schönsten emotionalen Seiten.

Wir wollen mit Ihnen diese hellen Seiten Ihrer Persönlichkeit beleuchten. Das sind diejenigen, die im Stress leider untergehen. Wir wollen Ihren Tunnelblick wieder in einen Chancenblick verwandeln und Sie deshalb ermuntern, mit uns gemeinsam am Dolce-Vita-Rad zu drehen.

Die sieben hellen Merkmale Ihrer Persönlichkeit sind:
o Dankbarkeit
o Empathie
o Leidenschaft
o Mut
o Authentizität
o Wertschätzung
o Souveränität

Anleitung für das Drehen am Dolce-Vita-Rad

- Sie befinden sich an Ihrem Lieblingsplatz? Prima.
- Schalten Sie jetzt bitte das Smartphone aus.
- Geben Sie Ihren kleinen Kindern eine Tafel Schokolade mit den Worten: »Papa (Mama) will jetzt nicht gestört werden. Ihr dürft naschen, während ich überlege.«
- Sollten Sie als Lieblingsplatz Ihr Büro gewählt haben, dann hängen Sie bitte ein Schild mit dicken Edding-Buchstaben an die Tür: »Bitte nicht stören.«
- Wo immer Sie Ihr wöchentliches Emotionstraining absolvieren, sorgen Sie für Stille. Was folgt, ist ein Selbstgespräch.
- Sie fragen sich, wie viel Dankbarkeit Sie in dieser vergangenen Woche empfunden haben, und tragen diesen Wert auf der Skala von 0 bis 10 ein.
- Schraffieren Sie dann Ihren Anteil Dankbarkeit mit einem grünen Stift. Die schraffierte Fläche bezeichnet Ihren Ist-Zustand. Der Raum, der im Dankbarkeitsfeld übrig bleibt, stellt Ihren Soll-Zustand dar. Schraffieren Sie ihn rot.
- In dieser Weise fahren Sie fort, bis Sie jeden Bereich des Dolce-Vita-Rads bearbeitet haben.
- Am Ende erkennen Sie, wo Ihre besonderen emotionalen Fähigkeiten in dieser Woche lagen, wo Sie an sich arbeiten sollten, um das gesamte Potenzial der guten Emotionen auszuschöpfen.

Wir wenden das Dolce-Vita-Rad an, um den Blick für das Gute in sich selbst zu stärken. Oft erkennen Menschen im Stress die kleinen Blüten am Alltagsrand nicht mehr.

Literatur

Goethe, Johann Wolfgang: Italienische Reise. München: C.H. Beck, 3. Auflage 2017

AOK-Fehlzeitenreport 2016: https://www.aokplus-online.de/presse/fokusthemen/praeventionsbericht-2016.html. [18.09.2017]

Hüther, Gerald: Biologie der Angst. Göttingen: Vandenhoeck & Ruprecht, 13. Auflage 2016

STARK FÜR DIE ZUKUNFT

Kapitel 9
Was passiert, hat einen Sinn

Resilienz

Wenn Personalentwickler ihre Köpfe zusammenstecken und nach Wegen aus einer Krise suchen, fällt meistens in den ersten 30 Minuten ein Wort: Resilienz. Es schwebt über den Köpfen wie ein Versprechen auf Abwehr gegen schwierige Zeiten. Es wird mit einem Nicken empfangen: »Ja, Resilienz ist das, was wir brauchen, um erfolgreich zu sein.« Dabei verschieben sich die Augenbrauen der Personalentwickler bedeutsam nach oben. Wenn sie die Widerstandskraft eines jeden Mitarbeiters stählten, wenn sie ihm die Angst vor Veränderungen nähmen, dann würde ihr Unternehmen fit sein für die Zukunft, mögen sie denken. Und diesen Gedanken finden wir richtig. Das Ganze hat nur eine Delle im System: Resilienz lässt sich nicht verordnen, auch sie ist ein intrinsisches Gefühl.

Wer glaubt, Mitarbeitern zurufen zu können »Brenne für unsere Ziele!«, und die Krise sei geregelt, der wird sehr schnell merken, dass dieses Kommando keine Nervenzellen im Gehirn der Mitarbeiter erregt. Der Ruf geht in das eine Ohr hinein und kommt zum anderen prompt wieder heraus. Der betreffende Mitarbeiter mag zwar guten Willens lächeln, weil er den Job behalten und überhaupt einen beflissenen Eindruck hinterlassen will, aber mehr wird mit diesem Kommando nicht getriggert. Sobald er sich umdreht, um sich wieder seinen Aufgaben zuzuwenden, wird er weitermachen wie bisher. Versank er angesichts der Routineaufgaben in Langeweile, so wird er auch jetzt keine Kreativitätsschübe spüren. War er bislang unzufrieden, so wird er nicht plötzlich von Freude durchflutet. Er wird im Mittelmaß weiterarbeiten und versuchen, Stress zu verhindern und irgendwie in diesem Job zu überstehen, weil er das Geld am Monatsende für die Finanzierung seines Hauses benötigt, weil er seinen Dienstwagen behalten möchte oder weil er den nächsten Karriereschritt vor Augen hat.

»Brenne für unsere Ziele!« hat ungefähr dieselbe Wirkung wie der Satz: »Heute Nachmittag regnet es.« Ein Schulterzucken ist die

Folge und die Einsicht, an dieser Tatsache nichts ändern zu können. Und damit nehmen die Angesprochenen die Dinge, wie sie kommen, und erhalten keinen Impuls, sich gegen eine Krise zu stemmen. Für sie zählt nämlich nur, wie sie selbst eine Situation bewerten und welche Gefühle sie dabei empfinden.

Muster im Gehirn

Wie Menschen in Krisen reagieren, hängt von ihren Mustern im Gehirn ab. Ob sie mit Emotionen wie Traurigkeit, Wut, Enttäuschung oder Hilflosigkeit reagieren oder mit Gelassenheit, das ist eine Sache der Übung und des Trainings. Sobald eine Situation als bedrohlich bewertet wird, aktiviert das Gehirn Stresshormone. Die Nervenbahnen erregen sich, und damit steht die Stimmung auf Alarm. Hält dieser Alarm über einen längeren Zeitpunkt an, so verfestigt sich das Erleben und Fühlen zu einer dicken tragfähigen Synapse. Und das heißt konkret: In ähnlichen Situationen ruft Ihr Gehirn dieses Muster wieder ab. Haben Sie zuvor auf eine Krise und den damit einhergehenden Stress traurig und hilflos reagiert, so wird Ihr Gehirn auf dieses Muster immer wieder zurückgreifen. Das bedeutet: So, wie Sie Dinge bewerten, so entstehen Ihre Emotionen! Negative Emotionen bringen destruktive Gedanken hervor, und diese wiederum erzeugen einen Tunnelblick auf das Problem.

Krisen sind immer bitter. Niemand mag sie. Sie erzeugen Ärger, Frustration, Traurigkeit, und am Ende schlagen sie auf den Magen. Und doch gehören sie ebenfalls zu den Wellen des Lebens. Wir sind sogar versucht zu sagen: Ohne Krisen und ohne den dazugehörigen Stress sind keine persönlichen Entwicklungen möglich. Allerdings möchten wir eine Einschränkung vornehmen – Krisen, die mit schweren Schicksalsschlägen einhergehen, können einen Menschen schlichtweg zerstören und an seine Grenzen bringen. Solche Krisen können Menschen in eine innere Leere führen. Hier treten wir als Dolce-Vita-Strategen zurück. Wir senden unser tiefes Mitgefühl hinterher und den Rat, dass Schicksalsschläge in die Hände psychotherapeutischer und medizinischer Experten gehören.

Deshalb richten wir als Coaches im Folgenden den Blick auf das, was in Beruf und Privatem zu den ganz alltäglichen kleinen und etwas größeren Katastrophen zählt. Das sind zum Beispiel das

Nichterreichen eines Projektziels, der Konflikt mit Vorgesetzten und Mitarbeitern, Streit in der Beziehung, fehlende Freude für die Aufgaben, das Wirken an den eigenen Fähigkeiten vorbei. Wenn Ihnen in diesen Bereichen die gefühlte Stimmungstemperatur gen Gefrierpunkt rast, dann treten wir wieder hervor und sagen: »Was Ihnen fehlt, das ist
- erstens die Leichtigkeit in der Problembetrachtung,
- zweitens das Innehalten für eine Reflexion und
- drittens eine gelassenere Bewertung der Situation.«

Aus diesem Dreiklang besteht das Krisenrezept der Dolce-Vita-Strategie! Und damit richten wir uns gegen die in Unternehmen gängige Methode, einer Krise mit einer Exceltabelle zuvorzukommen. Vielmehr stellen wir den Menschen in den Mittelpunkt und richten unsere Kamera auf ihn, um jenes Leuchten einzufangen, das immer dann entsteht, wenn er glücklich ist mit seinen Aufgaben. Dann, da sind wir uns sicher, werden ihn die Widrigkeiten nicht umhauen.

Leise Zeichen einer Krise

So lange diese Erde sich dreht, werden Krisen kommen und gehen. Dagegen gibt es keinen Schutz. Weder Schönheit, Reichtum, Bildung, nichts, aber auch gar nichts kann Krisen gänzlich abwehren. Selbst wenn Sie sich heute entscheiden würden, aus Angst vor einer Schräglage im Alltag Ihr Sofa nicht mehr zu verlassen, um jegliches Risiko auf Fehltritte zu vermeiden, so würden Sie sich doch nicht schützen. Dann käme die Einsamkeit, Traurigkeit schliche sich ein, und auf Dauer würde das Körper und Geist unter Stress setzen. Manchmal sind Krisen sehr leise.

Wenn Sie uns fragen, ob es frühe Signale für eine Krise gibt, dann antworten wir Ihnen: Ja, es gibt kleine Hinweise, die zunächst mit einem diffusen Störgefühl einhergehen. Häufig beginnt ein Unglück damit, dass sich die Freude an den Aufgaben trübt. Die Gespräche mit anderen – mit Kollegen, in der Familie, im Freundeskreis – verlaufen nicht mehr reibungslos. Kritik und Konflikte mischen sich zwischen die Sätze. Viele ziehen sich zurück von gemeinsamen Aktivitäten. Abends sinken sie dann müde in die Kissen. Aber statt Ruhe zu finden, kreisen ihre Gedanken um ein Problem, für das sie keine Lösung finden. Leider nehmen viele Führungskräfte diese Störungen nicht als erste Krisensignale wahr. Sie denken, die sinkende Laune sei stressbedingt, und winken auf Nachfragen ab: »Eine vorübergehende Unpässlichkeit, das wird sich von selbst wieder richten.« Was stört, wird ausgeblendet. Weiter wie bisher, es wird schon gut gehen.

In kaum einem anderen Land wird besonders auf Führungsetagen derart elegant ein Problem schöngeredet oder bagatellisiert wie in Deutschland. Aber seien Sie gewiss, dass diese Methode kein Erfolgsmodell ist: Wenn die Kommunikation in Ihrem Team unterkühlt ist, erwärmt sie sich nicht wieder von selbst. Wenn die Konkurrenz an Ihren Fersen klebt, werden Sie ohne Sprint den Abstand nicht vergrößern. Wenn Sie einen Imageschaden erlitten haben, wird sich der ohne Eingeständnis von Fehlern nicht wieder glätten. Die Wahrheit holt Sie immer ein und eine Krise macht vor Ihren Befindlichkeiten nicht Halt. Sie schiebt Sie solange vor sich her, bis Sie an der Klippe stehen. Im Rücken drückt die Konkurrenz, die Umwelt, das Schicksal – oder wie Sie es sonst nennen wollen – und vor Ihnen klafft das dunkle Loch. Wohin wenden? Was ist das kleinere Übel? fragen Sie sich und würden sich am liebsten totstellen. Das aber, finden wir, ist eine Reaktion aus Urzeiten, als Menschen noch einem Säbelzahntiger gegenüberstanden und als sie außer Flucht oder Schock keine Reaktionsmuster besaßen. Sie aber haben eine Vielzahl an Abwehrmöglichkeiten, denn dank der Evolution der letzten 200 000 Jahre hat sich das Gehirn an die Herausforderungen angepasst, und so raten wir Ihnen: Halten Sie inne. Üben Sie Gelassenheit und halten Sie sich dann an Ihren Fähigkeiten fest.

Und hier wollen wir unser Gedankenspiel am Tisch der Personalentwickler fortsetzen, indem wir dazwischenrufen: »Was wäre, wenn Sie Ihre Perspektive ändern würden? Was wäre, wenn Sie sich einen Moment vom definierten Unternehmenserfolg lösen und sich fragen würden: Was müssten wir tun, damit jeder einzelne Mitarbeiter seinen Tag zufrieden, erfüllt, glücklich in unserem Unternehmen verlebt?«

Lassen Sie sich diese Fragen bitte auf der Zunge zergehen und von dort in den Bauch und ins Herz und in Ihre Gedanken. Dort, so hoffen wir, wird sich diese Frage ausbreiten und es werden sich Synapsen bilden. Denn die Idee der glücklichen Mitarbeiter ist die einzige Möglichkeit, sich Krisen zu widersetzen.

Stark für die Zukunft

Erinnern Sie sich an die Persönlichkeitstypen aus dem zweiten Kapitel? Ein Vapiano-Typ wird umso mehr aufblühen, je mehr Sie ihm Zahlenwerk zum Controlling anvertrauen. Dann wird er Fehler suchen und Details erkennen, die anderen verschlossen bleiben. Er wird mit Begeisterung seine Arbeit präsentieren und sich freuen, wenn andere ob seiner Fähigkeit zum Zahlenspiel staunen. Ein Pizzeria-Typ, den Sie um eine Präsentation bitten, wird diese mit Wortwitz und Inhalt füllen, weil er die Aufmerksamkeit genießt und zudem andere inspirieren will. Ein Casa-Typ ist um ein warmes Teamklima besorgt, er erkennt die kleinsten Störfaktoren frühzeitig. Sobald Sie ihn um seine Einschätzung hinsichtlich Stimmung und Teamwork bitten, wird er Ihnen wertvolle Hinweise liefern. Ein Ristorante-Typ blüht auf, wenn er mit kommunikativem Geschick verhandeln darf. Er versteht es, Wertschätzung zu spiegeln und doch sein Ziel nicht aus den Augen zu verlieren.

Und hier sind wir wieder angekommen bei dem schönen Wort Resilienz und unserer Definition:

→ Resilienz ist die Fähigkeit, sich mit einer seelischen und körperlichen Kraft auf eine gute Zukunft zu fokussieren.

Italiener sind darin Weltmeister. – Wir haben es in den vorhergehenden Kapiteln bereits erwähnt: Sie lernen von Kindesbeinen an, sich Trost in ihren Familien zu holen und somit eine Krise mit einer Extraportion Zuwendung zu verbinden. Damit entsteht ein Urvertrauen in diese Welt, das alles gut werden würde, wenn man nur lange genug daran glaubte. Deshalb steht der Italiener in einer Krise erst einmal still. Er horcht in sich hinein, will seine Stärken wiederentdecken. Dann sieht er sich um nach Familie und Freunden, will Mitgefühl erfahren. Und währenddessen weiß er, dass in ihm bereits eine Lösung entsteht, die aus dem Unterbewusstsein nach oben drängt und bald schon als Idee von einer guten Zukunft groß werden kann. Auch darüber redet er mit wohlgesonnen Menschen, lässt sich gern von anderen tragen, bis er selbst wieder die Kraft zum Handeln hat.

In dieser Zeit des Abwartens, des Nachdenkens, des Besinnens auf sich selbst, entstehen Bilder in seinem Kopf, Bilder von neuen Wegen. Es mag einige Zeit vergehen, bis diese Bilder konkrete Konturen annehmen, aber ein Italiener drängt nicht, er hat Geduld, er besänftigt sein Temperament. Erst wenn er klar und deutlich einen Impuls spürt, dann bewegt er sich wieder, zeigt sich mit seiner neu gewonnenen Kraft. Dann erst ist er bereit, die Klippe hinter sich zu lassen, um auf festem, blühenden Grund weiterzugehen. Später wird er sich noch einmal umsehen und sich sagen: »Quel che succede conviene« – Was passiert, hat einen Sinn.

Wo Zitronen blühen

Schließen Sie bitte Ihre Augen und denken Sie an eine Zitrone. Wahrscheinlich läuft Ihnen dabei die Spucke im Mund zusammen, weil das Kommando Ihres Gehirns lautet: »Achtung, sauer.« Sofort schwellen die Schleimhäute an, die Papillen testen den Geschmack. Sie verziehen den Mund und schütteln sich. Wenn Sie derart reagieren, dann haben Sie nie an der besten Zitrone der Welt genascht.

Die Zitrone, die wir meinen, die ist schrumpelig, mal rund, mal länglich, sie ist leuchtend gelb und säuerlich-süß. In ihrer Schale sammeln sich ätherische Öle. Sie trägt die Küstensonne Amalfis in jeder Pore, und all das macht sie zu einer teuren, edlen Frucht – zu einer Charakterzitrone mit einer Tradition von mehr als 2 000 Jahren. Eine Sfusato amalfitano ist ein Geschenk der Natur, und den Bauern, die sie auf den Gartenterrassen entlang der Küstenstraße Strada Statale 163 Amalfitana anbauen, steht der Stolz ins Gesicht geschrieben, wenn sie von ihrer Frucht erzählen. Wer hinhört, erfährt von einer Erfolgsgeschichte, die bis in die Römerzeit zurückreicht und die von Geheimnissen des Zitronenanbaus handelt: den Früchten Zeit lassen zum Reifen, im Einklang mit der Natur leben, den Rhythmus einer jeden einzelnen Zitrone beachten und die Ernte nicht beschleunigen, weil die Nachfrage wächst. Mit diesem traditionellen Langmut bringen die Bauern ihre Terrassengärten zum Blühen, die gleichzeitig die Dörfer an den Hängen vor Erdrutschen schützen.

Wer sich einmal die Zeit nahm, die Bauern während der Ernte zu begleiten, der ahnt, dass sie ihre Arbeit als Kunsthandwerk betrachten. So steigen sie während der Sommersaison die steilen Felswände hinauf, um auch die Zitronen oben auf dem Gipfel zu ernten. Wo Menschen nicht mehr zu Fuß weiterkommen, werden kleine, wendige Maultiere eingespannt, die die 50-kg-Körbe gelber Kostbarkeit ins Tal tragen.

Johann Wolfgang von Goethe dichtete dazu einst:
»*Kennst du das Land, wo die Zitronen blühn,*
Im dunkeln Laub die Goldorangen glühn,
Ein sanfter Wind vom blauen Himmel weht,
Die Mythe still und hoch der Lorbeer steht.
Kennst du es wohl?
Dahin! Dahin!
Möcht' ich mit dir, o mein Geliebter, ziehn!«
(2009, S. 142)

Die zauberhafte Gegend, die längst zum UNESCO-Kulturerbe zählt, hätte weiter in ihrem Takt ticken können. Aber plötzlich war alles anders. Da überschwemmte die Industrie aus den USA, aus Brasilien und Spanien den Markt und untergrub damit die süditalienische Zitronenkultur. Sie warfen genmanipulierte Hightech-Produkte auf den Markt. Mit Dumpingpreisen und in Rekorderntezeit boten sie den Kunden Produkte an, die auf Knopfdruck im Netz erhältlich waren. Das machte den italienischen Bauern am Anfang Angst und raubte ihnen am Ende die Existenz. Dazwischen ließ eine Trockenperiode die Bäume welken. Wer nun dachte, schlimmer könnte eine Kultur nicht zerbröckeln, wurde eines Besseren belehrt. Über Nacht fiel ein Virus namens Tristeza in die Gärten ein und zerfraß auch die letzten Zitronen. Das Sterben der Sfusato war qualvoll.

Und die Bauern? Die standen im wahrsten Sinne des Wortes an Felsenklippen in dieser Saison 2016, die zur Katastrophe wurde für eine gesamte Region. Jeder hätte angesichts dieser Krise Verständnis für ein Jammern gezeigt. Hätten die Bauern mit eingezogenem Kopf resigniert und sich gesagt: »Aus dieser Lage erholen wir uns nicht wieder«, niemand hätte sie für schwach gehalten. Aber die Zitronenbauern wären nicht die widerstandsfähigen Italiener gewesen, hätte sie sich nicht wenige Tage nach der Katastrophe zusammengesetzt, geredet, geplant und sich an der Idee von ihrem Leben festgehalten. Sie mögen sich gesagt haben: »Quel che succede conviene« – Was passiert, hat einen Sinn.

Resilienz und Denkräume

Resilienz ist, am tiefsten Punkt einen Moment lang zu traurig zu sein und dann andere Denkräume zu betreten. Denkräume, die ein Gefühl von Dankbarkeit beinhalten für das, was bislang gut gelaufen ist. Sich dann zu sagen, dass die Arbeit der Vergangenheit gute, dicke, sichere Spuren im Gehirn hinterlassen hat, die nicht mit einer Krise wegbrechen, und sich zu entschließen, diesen Spuren neue Prägungen hinzuzufügen. – Das ist für uns die beste Art, einer Krise zu begegnen.

Wenn wir zuvor behauptet haben, dass eine Krise durchaus bereichern kann, dann sind diese Bauern ein Beweis für unsere These. Sie fragten sich nach dem ersten Heulen:
- Was ist unsere Kernkompetenz? – Zitronen anbauen.
- Was unterscheidet uns von allen anderen, die ebenfalls Zitronen anbauen? – Die Qualität, der Geschmack, die Beschaffenheit, die Größe, die Einsatzbreite, die Einzigartigkeit an ätherischen Ölen und saurer Süße.
- Welche Umstände haben die Krise begünstigt? – Das Kleben an den Traditionen und die Ignoranz gegenüber der digitalen Welt.

Heraus kam ein Konzept, das der alten Zitronenkultur an der Amalfiküste einen modernen Anstrich gab. Die Bauern stellen heute ausschließlich Bioprodukte her und bilden Kooperativen. Sie sind online präsent, versenden ihre Waren an ausgewiesene Kundschaft, die ihre wertschätzende Kommunikation unterstützen. Sie haben ein Lizenzkonzept entworfen und bieten auf hohem Niveau Kosmetik, Kacheln, Kuchen, Limoncello an. Sie produzieren für ausgewählte Kunden, die bereit sind, die handwerkliche Kunstarbeit mit teilweise über zehn Euro für ein Kilo Zitrone zu bezahlen. Damit setzen sie sich ab vom Hightech-Trubel und industriellen Fertigungen. Nichts könnte passender sein für diese schöne, sinnliche Region Süditaliens.

Spuren des Alltags

Wir möchten diese Geschichte der Zitronenbauern, die wahrscheinlich nie zuvor Krisenmanagement an Universitäten studiert haben, auf Unternehmen übertragen. Dabei müssen wir nicht an das große Drama denken, an dessen Ende die Existenzvernichtung droht. Vielmehr geht es uns um die vielen kleinen Krisen, die Ihnen in der Summe die Arbeit erschweren und die Leichtigkeit rauben. Selbst die kleinen Sorgen, die sich in den Alltag schleichen, hinterlassen Spuren von Stress in Ihrem Gehirn, und auf Dauer kann es geschehen, dass diese Spuren Ihr Denken, Fühlen, Handeln beherrschen. In der Folge sinkt Ihre gute Laune und es kann geschehen, dass Sie sogar andere Menschen in Ihrem Umfeld dafür verantwortlich machen. Dann stört der Kollege, der zum fünften Mal nach Ihrer Meinung fragt, dann stören die Kinder, die abends Ihre Zuwendung suchen. Sie machen andere für Ihre Laune und fehlende Leichtigkeit verantwortlich. Wir finden das nicht gut. Denken Sie in solchen Phasen an die Tiramisu-Methode: Ziehen Sie sich selbst wieder hoch!

Dazu haben wir Ihnen sieben zitronengelbe Regeln zusammengestellt. Sie sind gedacht als Navigation durch eine sorgenvolle Zeit und durch eine beginnende Krise.

Sieben Regeln, um sich selbst niemals zu verlieren

Erstens: Situationen einschätzen. Werden Sie zu Ihrem stillen Beobachter. Reden Sie Dinge weder schön noch bagatellisieren Sie Ihre Probleme. Wechseln Sie die Perspektive. Betrachten Sie die Situation mit der Sachlichkeit eines Buchhalters und fragen Sie sich:
- Wie ist es zu dieser Situation gekommen?
- Welche Umstände sind schuld, und was ist mein Anteil daran?

Zweitens: Position halten. Krise in Sicht? Dann wetten wir, Ihre erste Reaktion wird sein, diese schnell und unauffällig vom Tisch zu schieben. Die zweite ist, Ihren Vorgesetzten nach einer Lösung zu fragen. Stopp. Was andere Ihnen raten, entspricht wahrscheinlich nicht Ihrem Erlebnis- und Erfahrungshorizont und auch nicht Ihrem Potenzial. Fragen Sie sich: Was ist meine eigene Idee, um der Krise, dem Konflikt, dem Problem zu begegnen?

Drittens: Rat bei wohlgesonnenen Begleitern suchen. Nach der Dolce-Vita-Strategie sind Sie niemals einsam und allein. Es gibt in Ihrer Familie, in Ihrem Freundeskreis und im beruflichen Netzwerk Menschen, die Ihnen zuhören und die sich mit Ihrer Situation in einer empathischen Weise auseinandersetzen.

Reden Sie! Beleuchten Sie das Problem von allen Seiten, um am Ende das gute Gefühl zu haben, dass Sie – falls nötig – getragen werden. Fragen Sie sich: Bei wem fühle ich mich angenommen und aufgehoben? Wer ist empathisch genug, um meine Ideen anzunehmen und diese gemeinsam mit mir zu beleuchten?

Viertens: Emotionen steuern. Denken Sie an die Plastizität Ihres Gehirns: Wie Sie denken, fühlen Sie. Wie Sie fühlen, handeln Sie. Sie können jederzeit Abstand zu unliebsamen Situationen finden, wenn Sie sich sagen: Diese Wut und diesen Ärger, die will ich nicht. Drehen Sie sich bewusst um, sehen Sie in eine andere Richtung und stellen Sie sich vor, dass in Ihnen eine Kraftquelle sprudelt, auf die Sie sich verlassen können.

Lächeln Sie sich selbst zu und sagen Sie sich: »Meine Emotionen bestimme ich.«

Fünftens: Menschen mitnehmen und begeistern. Als Manager und Führungskraft brauchen Sie Ihr Team. Ob Ihnen auch schwierige Projekte gelingen, wird abhängig sein von der intrinsischen Motivation Ihrer Mitarbeiter. Wenn diese Ihnen vertrauen und Ihnen folgen, wenn sie Änderungen mittragen, dann ist der Weg

zum Ziel bereits zur Hälfte getan. Deshalb fragen Sie sich: Bin ich begeisternd? Stecke ich die anderen an? Versprühe ich Hoffnung?
Wenn Sie selbst an die Überwindung der jeweiligen Krise glauben, strahlen Sie Zuversicht aus.

Sechstens: Hören Sie anderen Menschen aufmerksam zu. Der Reiz an einer Teamarbeit macht die Vielfalt der Ideen aus. Hören Sie hin. Nehmen Sie Einwände und Kritik ernst. Es könnte sein, dass sich dahinter ein kluger, bislang übersehener Gedanke befindet. Fragen Sie sich: Gelingt es mir, mein Gegenüber wirklich zu verstehen und seine Gefühle wahrzunehmen?

Siebtens: Vertrauen erreichen, Wertschätzung äußern. Um Vertrauen und Wertschätzung zu erreichen, benötigen Sie einen langen Atem. Beides reift über eine lange Zeit. Es verhält sich wie mit der amalfischen Charakterzitrone, die ein ganzes Jahr von der Sonne beschienen und von Bauern gepflegt werden muss, bis sie ihr Aroma entfaltet. Dann erst erreicht sie jene Qualität und Widerstandskraft, die sie unverwechselbar macht. Genauso verhält es sich in zwischenmenschlichen Beziehungen. Deshalb fragen Sie sich: Verhalte ich mich den Menschen, die mich täglich umgeben, respektvoll und mit Verständnis?

Als Dolce-Vita-Strategen wollen wir erkennen, wo sich das Glück in Ihnen versteckt. Und auf unserem Weg haben wir Tausende Male erfahren, dass es sich für jeden Menschen anders färbt. Zwar gibt es in der Glücksforschung die sogenannten »Big Five« aus Gesundheit, Sicherheit, finanziellem Reichtum, Bildung und langem Leben. Aber unter dieser Skala entdecken wir die schillernden, persönlichen Facetten. Das sind die kleinen Glücksgefühle, die das Leuchten in die Gesichter zaubern. Und in vielen Gesprächen haben wir erfahren: Es gibt einen Glücksöffner, der auch zu Ihnen passt. Er ist wie ein Universalschlüssel und besteht aus einer einzigen Frage:

»Wann waren Sie das letzte Mal glücklich?«

Damit macht sich Ihr Gehirn sofort auf die Suche nach den schönen Seiten im Leben. Die Schultern straffen sich und die Stimme rutscht wieder in den Eigenton. Ohne zu zögern, erzählen sie von Erfolgen und von ihren guten Gefühlen. Dann verändert sich die Chemie im Kopf.

Wenn wir dann fragen: »Wie fühlen Sie sich gerade?« Dann lächeln sie und antworten: »Leicht.«

Und genau darum geht es uns. Wir wollen die Leichtigkeit zurückholen in den Alltag, auch wenn Probleme ihn kurzfristig durchnebeln. Denn Leichtigkeit ist der Boden, auf dem Ihr persönliches Glück sprüht, auf dem Ihre Vitalität wächst. Dann relativieren sich Ihre Probleme und auch Ihre Wünsche an das Leben. Ihr Lieblingsitaliener um die Ecke würde sagen: »Ein Gesunder hat tausend Wünsche, ein Kranker nur einen! Deshalb bin ich nie müde, nie schlecht gelaunt, deshalb liebe ich meine Aufgabe, solange meine Kraft dafür reicht.«

Literatur

Goethe, Johann Wolfgang von: Wilhelm Meisters Lehrjahre. Frankfurt am Main: Insel 2009

*Schlusswort:
Ciao con un occhiolino –
mit einem Augenzwinkern*

Sehen Sie dieses Buch als ein Geschenk an ein Land, das unsere Familien aufgenommen und uns großartige Wege geöffnet hat. Wir hatten das Glück, in zwei unterschiedlichen Kulturen aufzuwachsen. Wir durften erfahren, wo Mentalitäten sich ähneln und wo sie sich unterscheiden. Rückblickend dürfen wir sagen: Das hat uns reich gemacht. Reich an Erlebnissen, Einsichten und Emotionen. Wir sind in beiden Ländern beheimatet und haben beide Kulturen zu einer starken Kordel verknüpft, an der wir uns festhalten können im Leben.

Wenn Sie uns nun fragen, welche Erkenntnis wir hervorheben möchten, welche Essenz zum einen und welche zum anderen Land gehört, sagen wir: Wir bewundern die deutsche Fähigkeit, anderen Menschen und Kulturen offen zu begegnen. Wir schätzen die Intelligenz und die Empathie, diese Offenheit zu gestalten. Vieles von dem, was Migranten in ihrem Lebensrucksack mitbrachten, durften sie auspacken und entfalten. Vieles hat mittlerweile Einzug in den deutschen Alltag gefunden, oft wurden sogar Rituale oder Esskulturen in den Alltag integriert, sodass sie für Deutsche heute selbstverständlich geworden sind und für Migranten ein Stück mitgenommene Heimat bedeuten. Beispielsweise gehören Espresso, Cappuccino, Prosecco und Pasta auf den deutschen Speiseplan wie die Ergebnisse der Fußballbundesliga zum Samstagnachmittag. Dieser freudige und oftmals spielerische Umgang mit Neuem ist uns damals tief ins Herz gegangen, und dort leuchtet er bis heute.

Umgekehrt haben wir als temperamentvolle Italiener mit einem manchmal chaotischen Zeitgefühl lernen dürfen, dass Struktur im Tagesablauf und Disziplin in den Aufgaben eine Grundlage für Erfolg sind. Sie machen das Leben und auch das Miteinander leichter! Es gibt eben doch nicht nur die gefühlte Zeit, sondern auch jene, die nach Prioritäten tickt, weil sich Aufgaben nicht nur durch Reden und Genießen lösen lassen. Manchmal muss man die Ärmel hochkrempeln und einen kurzen Stress überstehen. Anfangs fiel uns diese Fokussierung schwer, und wir sind hin und wieder dabei gestolpert. Heute lächeln wir darüber, weil dieses Training von Pflichten unsere Kondition enorm erhöhte.

Was wir aber niemals verlernt haben, das war und ist unser Träumen. Diese Fähigkeit, so möchten wir behaupten, ist ein typisch italienisches Merkmal, und wir wünschen Ihnen, dass auch Sie es in sich tragen. Denn zu träumen, dem Alltag zwischendurch für eine kurze Zeit zu entfliehen, kann Ihnen eine wunderbare Zuversicht geben. Und als fortgeschrittene Träumer dürfen wir Ihnen verraten: Wenn Sie Ihre Träume groß werden lassen, wenn Sie sie festhalten, über Widrigkeiten hinwegtragen, dann realisieren sie sich. Das ist für uns keine Sache des Glaubens, sondern eine Sache der Plastizität des Gehirns. Was wir denken, strahlen wir aus. Wie wir träumen, so handeln wir.

Sie haben in unserem Buch erfahren, dass jedes Gefühl eine Erregung der Nervenzellen nach sich zieht und dass mit jeder Erregung sich eine Winzigkeit in Ihrem Gedankenmuster verändert und dass irgendwann, wenn Sie nur genügend schöne Gefühle zulassen, sich Kaskaden bilden und Sie mit Glück überschwemmen.

So sind wir auch dankbar dafür, dass wir das Leben nach italienischer Art nicht immer ernst nehmen, dass wir der Welt und uns selbst entgegenlachen. Das befreit und das treibt hin zu den schönen Seiten des Lebens. Ihnen davon zu erzählen, das war die Absicht, als wir uns sagten: »Schreiben wir ein Buch, ein Buch vom Träumen und vom Leben nach italienischer Art.« Herausgekommen ist unsere Dolce-Vita-Strategie. Und wir hoffen sehr, dass Sie als Leser an manchen Passagen dieses Buch auf die Knie sinken ließen und sich sagten: »Ja, mit etwas mehr Leichtigkeit könnte es besser klappen.« Dabei wollen wir nicht, dass Sie auf Ihre bewährten Methoden verzichten. Wir wollen Ihnen vielmehr mit der Dolce-Vita-Strategie farbige, lebensfrohe Zutaten bieten, mit denen Sie Ihren Erfolg geschmacklich abstimmen können.

Sie selbst entscheiden, was zu Ihrem Berufs- und Alltagsrezept passt. Und sollte Ihnen einmal eine Würzmischung misslingen, dann üben Sie sich bitte in Gelassenheit. Nicht immer sieht das Leben Erfolge und Glück für uns vor, manchmal scheint es uns prüfen zu wollen. Dann sagen Sie sich bitte nach der Dolce-Vita-Strategie: »Was passiert, hat einen Sinn.« Und dann suchen Sie nach Chancen, um Ihre Persönlichkeit zu bereichern und Ihr Unternehmen nach einer Korrektur noch weiter nach vorn zu bringen. Denn Glück hat nun einmal die Angewohnheit, in Intervallen zu fluten. Es kommt und geht wie die Gezeiten, und in diesem Rhythmus ist es gut. Lernen Sie wertzuschätzen, was ist. Hadern Sie nicht, wenn sich die kleinen Kanten und Spitzen im Alltag zeigen, sondern betrachten Sie diese als Herausforderung auf Ihrem Lebensweg, breiten Sie die Arme aus und sagen Sie: »Das ist mein Leben, ich mache das Beste daraus.«

Bevor wir nun den Schlusspunkt setzen, geben wir Ihnen noch einen Dolce-Vita-Satz mit auf den Weg, der über den Buchdeckel hinaus wirken soll:

> *»Du bist der Gestalter deines Lebens. Mach aus deiner Zeit eine schöne Zeit. Genieße und teile, denn du bist niemals allein auf diesem Planeten.«*

Loredana Meduri und Alessandro Spanu

Danke

Das eigene Buch nach Erscheinen in den Händen zu halten, ist ein Glücksgefühl. Als der Postbote klingelte und uns die Kiste mit den ersten Exemplaren in die Arme drückte, waren wir gerührt. Es mischte sich Freude mit Stolz, denn hinter uns lag eine lange Strecke des Denkens und Schreibens, des Forschens rund um die Dolce-Vita-Strategie. Nun war die Fülle der Notizen auf unserem Tablet, in Notizbüchern und auf Flipcharts zwischen zwei Buchdeckeln – und roch nach Druckerfarbe. Wir schnupperten daran und das war, wir erinnern uns genau, wie eine Prise Aqua di Parma, wie ein edles italienisches Parfüm in unseren Nasen. Und während wir durch die Seiten blätterten, erinnerten wir uns an die Zeit des Planens, Schreibens, an die schlaflosen Nächte, die wir am Computer verbrachten. Da bekämpften wir die Müdigkeit mit Espresso und hielten uns an der eigenen Strategie fest, nämlich Leichtigkeit zu empfinden und Liebe für das, was wir tun.

Als wir vor nun mehr einem Jahr mit unserem Buchprojekt starteten, hatten wir Bilder im Kopf: Wir sahen uns mit dem Notebook auf einer Terrasse eines Cafés am Strand sitzen, den Blick in die Ferne schweifend, mit Denkerfalten auf der Stirn und hin und wieder einen klugen Satz in die Tasten hauend. So jedenfalls kannten wir das Autorenleben aus zahlreichen Spielfilmen. Heute wissen wir es besser! Und allen Romantikern sei gesagt: Ein Buch zu schreiben, zählt zu den härtesten Jobs der Welt. Er ist aufwendig, Kräfte zehrend, Geduld erfordernd. Man braucht Ruhe für die Konzentration; selbst Musik hat uns gestört. Man braucht zudem ein schattiges Zimmer, damit die Sonnenstrahlen den Computerbildschirm nicht blenden. Man braucht einen riesigen Schreibtisch, weil die Unterlagen aus Büchern, Zetteln, Zeichnungen zur Grundausstattung zählen. Die Espressomaschine in der Nähe erwähnten wir bereits. Damit nicht genug!

Wir haben erfahren, dass kein Autor sein Buch allein schreibt. Es gibt Menschen, die die Tristesse im kleinen, unaufgeräumten Zimmer mit Herzenswärme, Zuversicht und mit dem Glauben an den Erfolg begleiten. Auch wir durften solche Menschen um uns wissen, und nun ist der richtige Zeitpunkt, um nach bester Dolce-Vita-Manier Danke zu sagen. Sie alle waren wie ein Rückgrat in dieser Zeit, haben uns mit Worten und Wissen und Humor durch die Schreibphase getragen, sodass wir nicht schlappmachten.

Danke, dass ihr alle uns unterstützt habt, unseren Traum vom Buch zu verwirklichen. Für viele von euch war die Hilfe selbstverständlich. Für uns nicht. Wir möchten deshalb euer Engagement besonders wertschätzen.

Unser Grazie geht an:
- den Beltz Verlag, der an unser Buchprojekt von Anfang an geglaubt hat und begeistert war. Es ist ein starker Verlag. Die Herzlichkeit, Offenheit und der Enthusiasmus der Mitarbeiter hat uns beeindruckt. Unser besonderer Dank geht an Ingeborg Sachsenmeier. Sie hat an uns geglaubt, uns mit ihrem großen Erfahrungsschatz als Lektorin in jeder Phase ganz wunderbar unterstützt.
- Gabriele Borgmann. Sie hat uns bei der Verwirklichung des Buches von Anfang an begleitet. Wir bewundern sie für ihr Talent, mit Leichtigkeit Worte zu sprühen, mit Humor und Scharfsinn das herauszukristallisieren, was uns wichtig ist. Sie war stark und verlässlich da, hat immer wieder Struktur in unsere Schreibphase gebracht. Grazie infinite, ein unendliches Dankeschön für die Geduld und die charmante Art, uns einzufangen, wenn unsere Gedanken und Emotionen Kapriolen schlugen.
- Hermann Wala. Er ist ein Mensch mit einem großen Herzen und voller Ressourcen, die er uns stets bedingungslos zur Verfügung stellt.
- Hans Joachim Fischer. Er hat uns mit seinen Erfahrungen und wertvollen Ratschlägen bereichert und inspiriert. Er hat sich zwischen seinen zahlreichen Aufgaben Zeit genommen, dieses kraftvolle Vorwort zu schreiben. Grazie di cuore!
- Alberto Alessi. Als Unternehmer von Weltrang ist sein Terminkalender übervoll. Das hielt ihn nicht davon ab, uns in seiner

Fabrik der Träume zu treffen und mit uns über den Zusammenhang zwischen dem Reifen der Reben und der Geduld im Management zu sprechen. Danke für diese philosophischen Einsichten. Wir haben jede Minute genossen.
- Michael Schmutzer und Hermann Scherer. Sie haben uns verdeutlicht, was es heißt, Visionen zu haben und diese mit Leidenschaft und Erfolg umzusetzen. Danke für eure wertvolle Zeit, die ihr uns geschenkt habt.
- Sergio Valente. Er ist ein italienischer Gentleman durch und durch, mit Charme, Temperament und Gelassenheit. Er hat uns mit seiner eleganten Bodenständigkeit und seiner Lebensfreude tief berührt.
- Raphael Muschalla, Carla Spezia und Birgit Grupp-Fischer für die außergewöhnliche Fähigkeit, Menschen zu verbinden und zusammenzuführen.

Selbstverständlich geht unser Dank an unsere Freunde, die mit uns alle Momente teilen und stets für uns da sind. Sie sind unser Hafen. Ein liebevolles Dankeschön sagen wir unseren Familien. Sie haben uns Kultur und Werte mitgegeben und uns beigebracht, dass Liebe und Dankbarkeit den Alltag erst leicht und farbig machen. Sie sind unser Leben.

Über die Autoren

Loredana Meduri ist gelernte Industriekauffrau und systemischer Coach. Sie ist seit über 20 Jahren berufstätig und hat für internationale Unternehmen in Deutschland und Italien gearbeitet. Ihre langjährige Expertise hat sie bei der Mercedes-Benz Italia in Rom sowie in unterschiedlichen Bereichen der Daimler Financial Services AG (Mercedes-Benz Bank AG, Daimler Fleet Management GmbH) gesammelt. Zudem war sie in so unterschiedlichen Branchen wie der Kunststoff-, Pharma-, Automobilindustrie und im Bankwesen tätig.

Ihre Schwerpunkte waren: Sales & Marketing, Customer Relationship Management und Kommunikation. Sie war zudem fünf Jahre stellvertretende Vorsitzende des WBN (Women Business Network), das Frauennetzwerk der Daimler Financial Services AG in Deutschland.

Seit 2015 tut sie, wofür ihr Herz schlägt: Sie inspiriert Manager und Mitarbeiter in Unternehmen für die »Dolce-Vita-Strategie«. Ihre erfrischende, unkonventionelle Art und die Einstellung, das

Beste aus jeder Situation zu machen, begeistern seither unzählige Teilnehmer ihrer Vorträge und Seminare.

Alessandro Spanu ist gelernter Bankkaufmann und systemischer Coach. In der Kundenberatung und dem persönlichen Kontakt mit Menschen fand er seine Leidenschaft und konnte hier seine Menschenkenntnis ausbauen. Bei der VWA Verwaltungs- und Wirtschaftsakademie absolvierte er sein Studium zum Betriebswirt.

Er war Mitarbeiter im Real-Estate-Financing in der Sparkasse Waiblingen und Kreditanalyst in der Mercedes Benz Bank AG. Er setzte seine Karriere bei der Daimler Financial Services AG im Bereich Business Analysis, Risk Management sowie Trainer in Sales & Marketing fort.

Zudem engagierte er sich ehrenamtlich als Vorstandsvorsitzender des sardischen Kulturvereins SuNuraghe Stuttgart. Der sardische Kulturverein gilt als Kulturbotschafter der Tradition Sardiniens und unterstützt die Integration italienischer Bürger.

Seine Vorträge und Seminare sind authentisch in puncto Führung, Kundenverblüffung und Innovation. Ob als Keynote Speaker oder als Trainer: Alessandro Spanu begeistert seine Zuhörer und Seminarteilnehmer mit Lebensfreude und Glaubwürdigkeit, mit Charme und seiner natürlichen Art, Impulse zu geben.

Loredana Meduri und Alessandro Spanu sind Neudenker und Business-Experten. Mit innovativen Keynotes, Trainings und Consulting begleiten sie Unternehmen erfolgreich durch den Wandel.

Gemeinsam entwickelten sie 2015 die »Dolce-Vita-Strategie«, um die Leidenschaft der Manager und Mitarbeiter für ihr Unternehmen zu wecken und der neuen Arbeitswelt ein leichtes und gutes Lebensgefühl hinzuzufügen.

Sie sind zudem Sieger des Speaker Slams Hermann Scherer – Agency Award 2016, New York, und gehören seit 2018 zu den Top 100 Speakers Excellence. Mehr zu ihrer Philosophie und Arbeitsweise finden Sie unter: www.meduri-spanu.com.

Übungen, Praxistipps und Wissenswertes

»Die Imagewerkstatt« ist ein praktisches Kartenset, das vielfältige Einsatzmöglichkeiten im Business, aber auch im Privatleben bietet.

Das Impulskartenset von Isabel Schürmann zeigt auf, welche Wirkungsfaktoren den immer wieder thematisierten ersten Eindruck und letztlich das Image einer Person ausmachen.

Sie beleuchtet eine Vielzahl von Möglichkeiten, das Wahrnehmungs- und Kommunikationsverhalten zu schärfen und damit verbunden den eigenen Auftritt umfassend, bewusst und bestmöglich zu gestalten.

Neben Körpersprache, Stimme und Sprechweise, behandelt sie ausgewählte Aspekte zum optischen Erscheinungsbild und moderne Umgangsformen.

Kurz gesagt: Es geht um die Arbeit am guten Ruf und wie die Wirkung auf andere gezielt gemanagt werden kann.

Dabei können die Impulskarten ergänzend, aber auch einzeln und in beliebiger Reihenfolge genutzt werden. Wissenswertes, Tipps, ausgewählte Fragestellungen und Übungsvorschläge geben Impulse zum Nachdenken und laden zum Ausprobieren ein.

Isabel Schürmann
Die Imagewerkstatt: 60 Impulskarten für Ihren persönlichen Auftritt
2017. 60 Karten mit 16-seitigem Booklet in hochwertigem Stülpkarton.
ISBN 978-3-407-36648-1

www.beltz.de

BELTZ

Das passgenaue Zeitmanagement finden

Das persönliche Zeitmanagement lässt sich nicht in Standards pressen. Dr. Eva Brandt, Expertin für Selbst- und Zeitmanagement, hat daher auf der Basis des Structograms ein Modell für ein gut umsetzbares Zeitmanagement entwickelt, das zu den verschiedenen Persönlichkeitsstrukturen – Macher, Geselliger oder Analytiker – passt.

Mithilfe von Fragebögen findet jeder sein individuelles, maßgeschneidertes Konzept. Die Persönlichkeitsanalyse ist deshalb so wichtig, da das Wissen um die eigenen Temperamente und die klare Entscheidung, danach zu handeln, beim effizienten Selbstmanagement enorm hilft. Zahlreiche Tools, Werkzeuge und Tipps runden das Buch ab.

»Dr. Eva Brandt trifft als Zeitexpertin den Nerv im Management. Sie gibt diesem großen Thema eine wissenschaftliche Leichtigkeit. Sie zeigt, dass Zeitmanagement nicht nach vorgefertigten Systemen wirkt, sondern eine Sache der Persönlichkeit ist. Lesenswert!« *Michael Kleinemeier, Vorstand SAP SE*

Eva Brandt
Zeitmanagement im Takt der Persönlichkeit
Welche Zeitpersönlichkeit sind Sie? Und wie ticken die anderen?
Auf der Basis des Structograms
2017. 240 Seiten. Gebunden.
ISBN 978-3-407-36616-0

www.beltz.de   **BELTZ**

Impulse für mehr Freude und Glück im Leben

Es gibt im Leben viel Platz für Probleme. Erfolge jedoch geraten in Vergessenheit. Kennen Sie das? Dabei sind es doch die Erfolge, wenn es darum geht, das eigene Leben als persönliches Meisterwerk zu entdecken. Meisterwerk?! Ja, das ist es. Mit dem Erfolgstagebuch gelingt dieser Weg, wie die Positive Psychologie belegt.

Die Basis des Buches bilden fundierte Erkenntnisse und langjährige praktische Erfahrungen mit den Ansätzen der Positiven Psychologie, Resilienz und Achtsamkeit. Leicht und recht kurzweilig stellt Claudia Härtl-Kasulke diese Ansätze im Eingangskapitel vor. Anregende Zitate und feine Illustrationen von Sabine Lemke lockern diese ersten Seiten angenehm auf. Im zweiten, größeren Teil folgen die Impulse für das eigene Tagebuch: Zitate, Übungen und Geschichten sowie weitere Illustrationen von Sabine Lemke inspirieren zum Schreiben.

Die schöne Aufmachung des Erfolgstagebuchs lädt ein, sofort zu starten, die eigenen Erfolge zu notieren und Potenziale zu erkennen. Mit den Notizen können wir Tag für Tag nachlesen, welche Qualitäten in uns stecken, die unser Leben bereichern.

Trainer und Coaches finden im Erfolgstagebuch einen wirkungsvollen Begleiter für ihre Teilnehmer und Klienten.

Claudia Härtl-Kasulke, Sabine Lemke
Mein Erfolgstagebuch
2017. 128 Seiten. Gebunden.
ISBN 978-3-407-36646-7

www.beltz.de

BELTZ

Modernes Sitzungsmanagement

Wie vermeidet man ergebnislose Meetings? Wie bereite ich mich zielgerichtet vor? Wie gehe ich mit Störungen und Konflikten um? Diese und viele weitere Fragen zum Thema Meetings behandelt dieses schlanke Handbuch, sehr praxisnah und mit vielen Arbeitsblätter und Tipps.

Das Buch gibt Meetinganfängern erste Tipps und erleichtert den Einstieg in das moderne Sitzungsmanagement, hilft aber auch erfahrenen Berufstätigen mithilfe von Checklisten schnell ihr Wissen wieder up to date zu bringen.

Sehr praxisnah bietet es viele Arbeitsblätter, mit denen von der Vorbereitung bis zur Durchführung von Meetings gearbeitet werden kann, sowie zahlreiche Tipps für den Umgang mit schwierigen Situationen und Teilnehmern.

Zudem enthält es Kapitel zu den Themen Moderation, Sitzungen chairen, moderne Konferenzen leiten, Telefonmeetings und Videokonferenzen.

»Das Buch kann ich jedem empfehlen, wenn er schwierige Sitzungen leiten muss.« Kunde

Martin Hartmann, Alexander Zoll, Rüdiger Funk
mini-handbuch
Meetings leiten
2016. 190 Seiten. Broschiert
ISBN 978-3-407-36633-7

auch als E-Book lieferbar:
ISBN 978-3-407-29180-6

www.beltz.de

BELTZ